아버지! 아버지! 아버지!

아버지! 아버지! 아버지!

이흥수 지음

좋은땅

추천의 글

"이 애비가 너를 왜 그렇게 때렸는지 모르겠다. 미안하다. 얘야…."
노년에 돌아온 아버지, 힘이 빠지고 나약한 아버지를 품을 수 있는 능력은 복음의 능력 아니면 없습니다.
"아버지 이젠 다 지난 일이고 저는 다 잊었어요." 극적인 용서는 하나님 아버지가 계시기에 가능합니다.
이 책은 부모 자식 관계가 회복되는 용서에 관한 책입니다.
3500년 전 요셉의 화해 장면을 20세기 말 한국인의 정서에 맞게 옮겨 놓은 드라마틱한 요셉 이야기입니다.

책을 읽으며 아버지, 아버지, 아버지가 떠오릅니다. 하나님 아버지의 사랑으로 육신의 아버지를 사랑하게 되며, 신출내기 아버지로서 자녀를 마주하게 됩니다.
이 책은 권위적인 "아버지"라는 이미지로 하나님을 바라보았던 프리즘을 벗겨냅니다.
반대로 사랑의 하나님으로 연약한 육신의 아버지를 바라보는 프리즘을 제공합니다.

저자의 진솔하고 담백한 필체는 우리를 7080세대의 장발, 청바지, 통기타 문화와 같은 히피 문화로 초대합니다.
권위에 저항하는 시대정신과 지독한 가난과 싸워야 했던 시대상을 반영하며, 동시에 어느 시대에나 역사하시는 하나님을 만나게 합니다.

하나님의 섭리 가운데 저자가 만난 세탁소 주인 권사님은 말기 암 환자임에도 불구하고 저자에게 천사처럼 사랑을 전하며, 간증을 통해 복음의 씨앗을 뿌립니다.

저자가 부도로 인해 인생을 포기할 시점 같은 교회를 섬기는 심 장로님의 따뜻한 사랑은 그에게 동아줄을 던졌으며, 당시 담임 목사님이셨던 박재열 목사님의 아버지와 같은 사랑의 손길은 그의 인생을 다시 살게 했습니다.

세월이 흘러, 저자는 장로님이 되었습니다.

그에게 은혜를 베풀었던 심준보 장로님, 원로 목사님이 된 박재열 목사님, 세분이 함께 있는 동선교회의 담임목사로 목회를 하고 있다는 것은 저에게 커다란 감동입니다.

『아버지! 아버지! 아버지!』는 영원한 하나님 아버지의 사랑이 한 영혼을 살린 감동의 책입니다.

저는 동선교회의 모든 성도들과 한국교회의 모든 성도들, 그리고 가정의 회복을 원하는 모든 이웃들에게 일독을 권합니다.

동선교회 담임목사 박지훈

극한 가난과 가장의 학대라는 불우한 환경 속에서도 수챗구멍에서 피어난 장미꽃처럼 선한 영향력으로 향기와 아름다움으로 우뚝 선 현재 모습은 큰 귀감이 되고 많은 사람들에게 진한 감동을 주는 저자의 삶을 보게 됩니다.

무엇보다도 생을 포기할 정도의 그 참혹한 환경 속에서 하나님을 만나는 큰 은혜를 받아서 인생 밑바닥의 청년기를 극복하고 소망의 삶을 살게 된 것. 새삼 하나님의 크신 은혜를 깨닫게 되며 감사하게 됩니다.

거기에 부친의 부채로 인한 책임 아닌 책임으로 저자의 사업은 물론 가정까지도 풍비박산의 위기에 몰리고 도망자 신세가 되게 했지만, 그 부친의 영혼 구원을 위해 힘쓰고 이룬 것 또한 치하할 만합니다.

이제 저자의 소원대로 4대가 모두 동선교회를 섬기며 본인은 장로로 시무하며, 저자의 꿈대로 명문가정 명문가문의 기틀을 세웠으니 더욱 존경받고 겸손과 섬김의 본이 되길 기대합니다.

이 책을 읽는 독자들에게 큰 유익이 될 것을 믿어 추천하는 바입니다.

동선교회 원로목사 박재열

어떤 이의 삶과 고백의 진정성은 그 사람과 함께 신앙생활을 직접 했던 사람이 가장 정확하게 진단할 수 있을 것입니다.

저는 지난 30여 년 동안 인생의 후배지만 신앙의 선배로 이흥수 장로님과 함께 신앙생활을 하였습니다.

30대 초반 동선교회에 등록하고 같은 교회, 같은 교구에서 구역예배도 함께 드리며 호형호제하며 지나온 시간이 벌써 30년이라니 세월의 유수함을 느낍니다.

이 장로님은 설득력이 참 좋은 편입니다.

좋은 일이든 슬픈 일이든 상대방으로 하여금 반감을 느끼지 않도록 잘 설득했습니다.

이는 굉장히 좋은 장점입니다.

교구장으로 시무할 때도 교구를 잘 융화시키고 분위기를 잘 만드는 기술자였습니다.

늘 믿음 있는 신앙인으로 교구원들을 잘 이끌어 내는 열정이 많은 일꾼이었습니다.

이흥수 장로님의 머리가 아닌 가슴으로 써 내려간 간증의 글들을 많은 독자들이 읽으며 큰 은혜를 받기를 소망해 봅니다.

오래전에 글 쓰는 재주가 있으셔서 책을 써 보라고 권면한 적이 있었는데 이렇게 현실로 다가오니 감개무량할 뿐입니다.

이번에 처음 책을 발간한다고 해서 한편으로는 걱정했는데 머리가 아닌 가슴으로 써 내려간 내용들로 독자들이 큰 은혜를 받으리라 생각됩니다.

　이 책을 읽으며 무엇에 빠진 듯 책 속의 전개 능력과 내용에 감동과 은혜를 받았습니다.

　앞으로도 기도로 모든 일들을 풀어 나가시고 많은 이들에게 선한 영향을 끼치시는 장로님 되시기를 기도하며 소망합니다.

동선교회 시무장로 심준보

들어가며

  한 어린아이가 있습니다.

  빈민촌을 이룬 마을에서 좀 떨어진 외딴곳에 사람의 발길이 닿지 않는 흙 무더기가 여러 곳 보이는 외딴곳에 한 아이가 흙을 쌓으며 놀고 있습니다.
  아이 얼굴에 피멍 자국과 울퉁불퉁 부어올라 일그러져 있고 몸을 웅크리며 다리마저 아픈 듯 절뚝이고 있습니다.
  사람들의 시선을 피하여 온 듯 혼자 흙으로 성을 쌓고 그 성의 주인이 되어 성주 놀이를 하며 놀고 있습니다.

  어떤 날은 여럿의 아이들이 보이지만 혼자 있던 그 아이보다 어리고 약한 아이들이 함께 놀고 있습니다.

  아이는 자라면서 아무도 없는 무인도 또 산속 깊은 곳에 혼자 집을 짓고 사는 꿈을 꾸며 그곳을, 늘 그리며 살았습니다.
  집에는 무서운 아버지가 있었지만 그곳 무인도나 산속에는 아이를 눈치 주거나 때리는 사람이 없고 더 이상 빌거나 비굴하고 비겁해지지 않아도 되는 곳이라서 아이는 그곳을 그리워했습니다.
  아버지가 올 수 없는 곳 그곳에서 혼자 살고 싶은 꿈을 꾸며 놀고 있습니다.

그 아이가 바로 저입니다.

저는 사랑은 무엇인지? 따듯한 건지? 어떤 것인지? 사람의 정은 무엇인지? 모르며 두려움에만 눌려 살았습니다.
나는 사랑과 따듯한 정을 만나면 그 사랑과 정에 금세 푹 빠져들었고 나에게서 그 따듯한 사랑과 정이 떠나가면 슬퍼하며 우울해했습니다.
그렇게 늘 겨울 찬 바람처럼 차가운 마음으로 청소년 사춘기와 청년을 지나오면서 내 안에 가득한 아픔과 슬픈 기억들로 숨죽이며 울 때도 많이 있었습니다.

그런 저를 하나님께서 아버지로 찾아와 주셨습니다.
그냥 나 사는 대로 그대로 두셨다면 길가에 이름 없는 잡초(잡풀)로 세상을 비관하며 비판하며 살았을 것이지만 우주 만물의 창조주 하나님은 태고 이전에 이미 저를 택정해 두셨고 저를 눈여겨보시며 지켜주시고 계셨습니다.
들고양이처럼 그늘과 인적이 없는 곳들을 떠돌며 친구와 좀도둑질을 하며 청소년기를 지나왔습니다.

그런 삶으로 꿈도 없이 버려진 인생을 살아가는 저에게 하나님 아버지께서 20대 초반 간증자를 제게 보내셔서 하나님을 소개받았습니다.
그리고 전도자를 보내셔서 그 음침했던 그곳에서 나를 꺼내시려 하셨습니다.
그 계획은 전능하신 하나님께서 무식하고 무능하고 죄인 중의 괴수인 나 같은 자에게 신비한 체험까지 보여 주시면서 저를 주님의 계획된 자리로 꺼내시기 시작했습니다.

  청년 때에 꺼내시려 나를 부르신 그 부르심에 저는 대답하지 못했습니다.

  이 땅의 통치자 하나님의 존재에 대해 전혀 몰랐고 그 부르심은 당연히 대수롭지 않게 생각했기 때문이었습니다.

  그러나 하나님께서는 그 부르심으로 저의 때를 이때인가? 저때인가? 측정하셨을 뿐 아니라 너는 내 것이라고 손바닥에 새기셨음을 알게 되었습니다.

  주님의 손바닥에 새겨진 저는 하나님을 자주 떠올리며 마음에서 오래도록 멀리 떠나 본 적이 없었을 정도로 그리운 존재가 되어 있었습니다.

  내가 어느 곳 어디를 가든지 주님을 예배하는 곳은 많았고 그곳 예배당을 지날 때 흘러나오는 찬양 소리를 들을 때면 나는 그곳에 우뚝 멈추어 서서 찬양이 끝날 때까지 다 듣고 갈 길을 가곤 했습니다.

  그런 모습들을 돌아보면 이미 내 마음에서 예배를 간절하게 그리워하고 있다는 것을 쉽게 알 수 있었습니다.

> 이사야 43:1
> 야곱아 너를 창조하신 여호와께서 지금 말씀하시느니라 너는 두려워하지 말라 내가 너를 구속하였고 내가 너를 지명하여 불렀나니 너는 내 것이라.

나를 구속하였고 지명하여 불러 주신 그 부르심은 나 같은 작고 초라하고 버려지 같은 존재를 하나님의 곁에 꽁꽁 묶어 두셨고 다른 악하고 더러운 길로 가지 못하게 하셨습니다.

내 앞에 펼쳐진 길들은 올곧은 길보다 소돔과 고모라 성의 그 멸망의 길들로 바로 내 앞에 수없이 많았으며 그곳은 나를 유혹하며 부르고 있었습니다.

그러나 나의 아버지 하나님께서 그 어두운 길로 들어서지 못하도록 간증자와 전도자를 보내 주셨고 교회에서 체험까지 경험하게 하시며 예비하신 그 길로 한 치의 오차 없이 인도하여 주셨습니다.

그러시고는 "너는 내 아들이다" 하시며 저를 자녀 삼아 주셨으며 친밀하게 만나 주시기 시작하셨습니다.

> 요한복음 1:12
> 영접하는 자 곧 그 이름을 믿는 자들에게는 하나님의 자녀가 되는 권세를 주셨으니

나중에서야 저는 깨달았습니다.

선택된 자만이 영접받을 수 있었고 영접할 수 있다는 것을 말입니다.

하나님께서 영접하지 않으시면 그 누구도 교회 문턱은 물론이고 영접할 마음조차 먹을 수 없다는 것을 알게 되며 저는 그 감사함에 울었습니다.

그리고 하나님께서는 기꺼이 저 같은 자를 자녀 삼아 주시며 나의 아버지도 되어 주셨습니다.

듣기만 해도 좋은 아버지~ 부르면 부를수록 코끝마저 찡해지는 이름, 아버지가 친히 되어 주셨습니다.

이런 모든 과정에서 저는 아무것도 한 것이 없습니다.
만유의 구주이신 그 거대하신 하나님께서 큰 바다 백사장에 모래 한 알 같은 존재의 가치조차도 전혀 없었던 나 같은 자를 택하셔서 지켜 주셨고 이끌어 주셨고 여기에 세워 주신 것이었습니다.

이 책에는 위에 언급된 모든 과정들을 전혀 거짓 없이 담을 것입니다.
다만 아주 조금의 내용들은 인용을 할 것입니다.
그래서 이 책 한 권으로 천하보다 귀한 한 사람 영혼에게 하나님을 알게 할 수 있다면 저는 꿈을 다 이루는 것이며 이 책을 허락하여 주심에 조금이나마 답해 드리는 것이라 생각합니다.

하나님께 오랫동안 기도 제목으로 올려 드리며 이 책 집필 허락을 기다려 온 만큼 가감 없이 부족한 자의 삶이 하나님의 부르심으로 확 바뀌게 된 그대로를 진실하게 담아 드릴 것입니다.
보잘것없고 부족한 내용이지만 끝까지 읽어 주시고 응원해 주시길 바랍니다.

| 목 차 |

추천의 글 … 4
들어가며 … 9

Ⅰ. 홀로서기
1. 단양 첩첩산골 … 18
2. 아버지의 울타리 … 35
3. 외로운 성장기 … 39

Ⅱ. 택함
4. 교회 … 50
5. 체험 … 60

Ⅲ. 광야
6. 예쁜 딸아이 … 70
7. 경남 양산 … 82
8. 오징어 … 92

Ⅳ. 부르심
9. 학부형 … 104

10. 나에게 아버지가 되어 주신 하나님 ⋯ 112
11. 교회 강대상의 빗물 ⋯ 129
12. 집사 구역장 ⋯ 144
13. 꿈 ⋯ 154

Ⅴ. 하나님은 나의 아버지

14. 하나님은 나의 아버지 ⋯ 162
15. 생사화복 ⋯ 180
16. 960g+10g ⋯ 185
17. 자기 발로 ⋯ 208
18. 가을, 두 남자 ⋯ 216

Ⅵ. 나의 아버지

19. 하나님의 허락과 교만 ⋯ 222
20. 나에게 말씀과 기도는 ⋯ 248
21. 아들에게 돌아온 나의 아버지 ⋯ 257
22. 허락하심에 감사 ⋯ 275

마무리하며 ⋯ 280

I

홀로서기

1.

단양 첩첩산골

 나는 강원도 횡성 우천면 작은 농촌 마을 촌집 사랑방에서 태어났다.
 희미한 기억이지만 내가 5살 되던 해 한겨울 화물 트럭으로 이사를 하였는데 나는 트럭 화물 짐칸에 태워졌고 어머니는 찬 바람을 막아 주려 솜이불로 나를 칭칭 둘러 주던 모습이 뚜렷하게 떠오른다.
 이삿짐은 세간 몇 가지와 살림도구, 옷, 이불이 전부였고 화물 짐칸은 절반도 다 채우지 못하는 이삿짐이었다.

 우리가 이사한 곳은 강원도 태기산 산골 화전민들이 모여 사는 산 중턱에 흙벽으로 된 집이었다.
 이사한 집은 산 정상 부분 자그마한 분교 국민학교(초등학교)에서 산 중턱으로 한참 내려가서 있었는데 그곳의 그늘진 곳에는 눈이 녹지 않고 수북이 쌓여 있는 그 산골짝을 타고 휘돌아 오르는 바람은 내 뺨을 때리며 견디기 힘들 정도로 차갑게 불어왔다.
 집 옆에는 작은 도랑 같은 계곡이 있었고 꽁꽁 얼지 않은 작은 계곡을 타고 쫄쫄 흐르는 물은 너무 맑고 투명하기까지 했다.

아버지는 그곳 도랑 움푹한 곳에 웅덩이를 파고는 내 무릎 위 높이만큼 돌을 쌓아 올려 우물을 만들었으며 그곳은 바로 우리 집 식수로 사용되기 시작했다.

얼마 지나지 않은 이듬해 봄 그 옹달샘 안에는 가재 몇 마리가 들어와 주인 되어 있었고 그 샘은 아무리 혹독한 겨울 강추위에도 얼지 않았으며 우리 가족의 생명수가 되기에 충분한 여건의 우물이었다.

나의 어린 시절의 동화 같았던 두메산골, 그곳에 봄이 오면 연두의 나무 새싹이 피어오르고 온갖 꽃과 풀들이 싹을 내놓았다.

수많은 새들은 우물가 나뭇가지에 앉아 저마다 지저귀며 공연을 펼치기도 하는 그곳은 연록의 새싹과 풀들이 새순을 내놓을 때면 나는 집 근처 숲속에 숨어 저만치서 작은 토끼들이 어미와 노니는 모습을 훔쳐보기도 했었다.

그곳은 지척에 산딸기 열매가 열었고 온갖 자연 꽃들이 피어나고 진달래 철쭉이 철을 따라 무리 지어 피어나는 곳이었다.

집 옆 우물이 있는 작은 계곡에는 작은 돌 하나만 들추어도 가재가 우글거렸고 작은 물고기도 많은 곳이었다.

그곳은 내 기억 속에 나만의 동화 속 나라로 남아 그리움이 되어 주며 그림처럼 떠올라 나를 향수에 빠지게 하고 있었다.

학교 근처에는 큰아버지께서 살고 있었는데 큰아버지는 식사 때마다 나를 무릎에 앉혀 밥을 먹이며 귀여워하기도 했다.

그곳 산골에서 7살 되던 해엔 눈이 얼마나 많이 왔는지 그 눈은 산골의 집집마다 지붕까지 다 덮을 정도로 내려 덮였다.

그런 이유에서인지 집집마다 굴뚝이 길게 뻗어져 굴뚝을 보며 집을 찾아오는 산골 집들의 구조였다.

아버지는 그 한길 넘는 눈 속에 굴을 뚫어 옹달샘의 물을 길어 오던 모습이 너무나 생생하다.

우리 집에는 삼남매와 부모님 다섯 식구가 살고 있었는데 당시 홍역이 돌아 우리 집에도 옮겨 왔고 삼남매가 동시에 홍역을 앓아야 했다.

병원까지 가려면 너무 많은 시간이 소요되는 첩첩 두메산골에서 홍역은 치료하기 어려운 치사율 높은 돌림병 중 하나였다.

그 홍역 돌림병은 끝내 막내 여동생을 데려가고 둘째 여동생마저 생명의 위험에 빠지며 생사의 고비가 찾아오고 말았다.

아버지 어머니는 동생을 들쳐 업고 미군 군용차로 군 단위 병원으로 달려가 생명을 힘겹게 살려 돌아오기도 했었다.

나는 아스피린 한 알을 먹고 거뜬하게 뛰어다니며 홍역을 이겨 냈다고 어른들은 수없이 나를 칭찬해 주었다.

그런 나에게 한 가지 아픈 기억은 아버지의 무서운 매질이었다.

아버지는 왜 그렇게 작은 나를 모질게 때리셨을까?

한번 시작되면 그 매를 피하기 위해 나는 갖은 꾀를 다 부려야 할 때가 많았다.

그러나 한편엔 자상한 면도 많이 있어서 나를 지게 위에 태워 주고 목마를 태워 주며 나와 가족을 많이 사랑하는 아버지이기도 했다.

내가 7살 되던 그해 겨울에는 아버지는 손수 나무를 깎고 다듬어 불에 구워 나무 스키를 만들어 주었다.

나는 얼마나 좋았는지 그해 겨울이 지나 봄이 되어 마지막 눈이 다 녹을 때까지 그 스키를 타며 놀았다.

그리고 8살 되던 이듬해 나는 강원도 태기산 분교 국민학교(초등학교) 입학을 하게 됐다.

그러나 그 분교의 학창 시절은 고작 3개월이 채 되지 않아 서울과 경기도 경계 근처 벽돌 공장으로 이사를 하면서 끝나고 말았다.

3년을 조금 넘게 살았던 태기산 상봉에서 이사를 나온 것이다.

※

새로 이사를 하고 얼마 지나지 않아서부터 아버지는 나에게 심한 매질을 할 때가 더욱 많아졌고 어머니와 자주 다툼을 하기 시작했다.

물론 아버지의 일방적인 주도적 싸움이었고 뭔가 일이 잘 안 되고 있다는 것을 직감적으로 느낄 수 있었다.

그 이유는 정확하게 알 수는 없었지만 아버지는 뭔지 모를 화를 풀기 위해 나에게 그 화풀이로 학대를 하는 듯했다.

키도 크고 힘이 장사였던 아버지는 그 힘을 그대로 사용해서 나에게 폭력을 휘둘러 댔다.

공포, 두려움.

매를 한번 들면 나는 죽기 직전까지 매를 맞을 때가 많았고 나는 그 두려움을 피하기 위해 아버지에게 여지없이 비굴하게 다리나 팔에 매

달려 손이 발이 되도록 빌어야만 했다.

  그것은 내가 할 수 있는 유일한 대처였지만 그런 내 모습은 오히려 아버지의 화를 더 돋우어 매질이 더 심해질 때도 있었다.

  이래도 맞고 저래도 맞으며 나는 매를 맞을 때마다 이러다 죽을 거 같은 생각이 자주 들기도 했다.

  그때마다 내가 알고 있는 모든 수단을 다 동원하고 할 수 있는 모든 말을 다 하며 빌고 변명하고 거짓말도 서슴없이 해야만 했다.

  왜 이런 상황이 나에게 자주 발생하며 왜 그렇게 했는지 전혀 모른 채 아버지의 매는 너무 자주 있었고 나는 어느 사이 버릇처럼 완전하게 비굴해졌고 쪼그라들어 있었다.

  가면 갈수록 나의 모든 것은 둔하고 멍해져 갔으며 더 슬펐던 것은 그 비굴함과 초라함은 친구들과 선후배 앞에서도 주눅 들어 비굴해져 간다는 것이었다.

  그러다 보니 나는 자연히 내가 상대하기 쉬운 작고 힘 없는 아이들과 어울려야만 했다.

  그 애들과 놀고 있는 걸 본 아버지는 작고 어린 애들과 놀면 큰 사람이 못 된다고 하며 두들겨 맞기도 했다.

  만신창이가 된 얼굴과 몸은 피멍이 들어 울퉁불퉁해졌고 몸을 펴지도 못하며 웅크려 잠들었을 때 상처 부위가 쓰리고 아파 눈을 떠 보니 어머니는 내 몸의 상처에 약을 바르며 울고 있었다.

  잠을 깬 나는 입을 틀어막고 단칸방에 사는 동생들과 아버지가 깰까 봐 숨죽여 따라 울 때가 많았다.

아버지는 그러다 어디론가 훌쩍 떠나가 버렸고 몇 달 혹은 반년을 소식도 없이 집을 비울 때가 많아지기 시작했다.

아버지의 그런 돌출 행동에 3남매의 자식들 먹고 입히는 일은 작고 가녀린 어머니 몫으로 그대로 다 돌아갔다.

어머니는 인근 농장에서 고구마 캐기, 땅콩 캐기, 날품 팔이 일을 다녀야 했다.

그 일은 캐는 양대로 무게를 달아 품삯이 지불되는 일이었지만 하루 종일 일해도 쌀 한 봉지 살 품삯인데 그나마도 경쟁이 있었고 일감도 그리 많지 않았다.

나는 학교 가는 대신 어머니를 따라가서 일을 도울 때도 많았고 그 날품 팔이 일로 모아진 돈은 정부미 쌀 조금과 보리 밀가루를 사는 데 대부분을 사용해야 했다.

어느 날 아버지는 예고도 없이 불쑥 나타나 그 푼돈마저 **빼앗아** 가려고 어머니와 다툼을 하다 결국 폭력을 휘둘렀고 정해진 수순처럼 내가 분풀이 대상으로 매를 맞아야 했다.

어머니는 자식들의 생계가 달린 그 금쪽같은 돈 몇 푼을 지키다 못해 어쩔 수 없이 돈을 내주는 것으로 아버지의 폭력을 막아야 했고 아버지는 어머니와 나에게 상처만 남기고 쌈짓돈을 가로채 훌쩍 떠나가 버렸다.

당장 끼니를 걱정하며 전방(슈퍼)을 기웃거리다 사정사정해서 외상 밀가루 한 포대를 사와 끼니를 이어 갈 때가 많았다.

그렇게 우리 가족은 하루하루를 끼니 이어 가는 것조차 힘들었지만 나는 그 어떤 것보다 아버지가 집에 없어서 매를 맞지 않는 것이 더 좋았다.

집을 오랫동안 비우면 아버지가 보고 싶어질 때도 있었지만 그래도 아버지가 없는 것이 나에게는 더 좋았다.

※

10살 국민학교(초등학교) 3학년 가을, 아버지가 오랜만에 집에 돌아왔다.

간간이 보고 싶었던 아버지였지만 막상 나타난 아버지의 등장으로 나의 태도는 어느 새 비굴하게 눈치만 살피며 위축되어 버려야 했는데 아버지는 이번에는 좀 다르게 너무나 자상해져 돌아왔다.

무슨 좋은 일이 있었는지 다음 날 우리 가족은 덜컹덜컹 버스를 타고 비포장을 달려 시장으로 향해 가고 있었다.

아버지는 여느 때와 다르게 나에게 따뜻한 말과 눈길을 주며 그날따라 너무 따뜻하게 나에게 다가와 나는 그간의 무서움과 두려움이 눈 녹듯 사라지며 그때 처음 느껴지던 그 따뜻한 아버지의 사랑은 나의 천국 같은 하루가 되고 있었다.

다른 아이들에게는 이런 일들은 평범한 일상이지만 나에게 아버지는 두려운 존재였기 때문에 감히 상상도 못 할 일이 오늘 나에게 벌어지고 있었다.

불과 몇 달 전에 집에 잠깐 왔다 가면서 나는 몇 번을 초주검 상태의 매를 맞았던 그날의 아픈 기억이 채 가시기도 전에 나타난 아버지는 오늘 완전히 다른 아버지로 가족과 함께 해 주고 있었다.

더구나 짜장면 한 그릇을 먹었고 옷 한 벌까지 사 주며 아버지는 나에게 생에 최고의 날을 만들어 주었다.

거기에 더해 그 옷을 입고 강원도 시골 외갓댁에 간다는 것이었다.

어깨와 다리에 두 줄 라인의 추리닝 한 벌, 그리고 외갓댁 나들이 소식에 나는 날아갈 듯 너무 행복한 하루였다.

꿈에서조차 두고두고 기억해야 할 하루가 지나고 다음 날~

아버지, 어머니, 여동생 둘과 나는 강원도 횡성 외갓집을 향해 출발했고 외갓집은 나룻배를 타고 강을 건너 기차역에서 기차를 타야만 갈 수 있었다.

가족들이 마주 앉은 기차 안에서 삶은 계란과 감귤 망을 사서 까 먹으며 그렇게 행복한 가족 여행은 시작됐다.

꿈일까? 생시일까? 꿈이라면 영원히 깨고 싶지 않은 마냥 좋은 가족 여행은 너무 행복했다.

외갓집은 언제나 불러도 좋은 곳이며 따듯한 곳이었다.

늘 사랑으로 대해 주는 외할머니의 환대를 받으며 우리 가족은 도착하여 여행의 여장을 풀었다.

잠이 올 것 같지 않던 외가에서 하룻밤을 지내고 다음 날!

여동생을 다음 날 데리러 온다며 외가에 떼어 놓고 나와 어머니 아버지는 충북 단양 고모 댁으로 다시 여행길에 올랐다.

동생과 하루쯤 떨어지는 아쉬움쯤은 있었지만 단양 고모 댁 여행도 나를 설레게 하기에 충분했다.

기차와 버스로 굽이굽이 비탈진 산길을 지나 반나절을 달려 도착한 소백산 줄기 산 중턱에는 10가구가 마을을 이루었고 화전민들이 터를 닦고 사는 작은 산골 마을이었다.

버스에서 내려 1시간쯤 오르고 나서 맑음동이라 불리는 마을의 고모 댁 모습이 보였다.

사방이 높은 산들로 가까이와 먼 곳으로 병풍처럼 둘러 있는 산 중턱에 태기산 산골에 함께 살았던 고모 댁 식구들이 나와서 크게 환대를 하며 마중해 주었다.

나에게도 사촌들과 오랜만의 재회는 참 기쁘고 좋은 날이었다.

긴 여행으로 피곤했던 나는 일찍 잠들었고 단잠을 자다 뭔가 이상함을 느끼며 눈을 번쩍 떴다.

가만히 나를 내려다보고 있는 어머니는 눈물을 흘리며 울고 있었다.

"엄마 왜 울어?"

잠에서 깨며 말하는 나를 부둥켜안고 소리 죽여 더욱 흐느껴 울었다.

"엄마 왜 그래?"

어머니는 말없이 나를 껴안고 한동안 울기만 해서 나는 직감적으로 뭔가 일이 잘못되고 있다고 생각했다.

"여기서 어른들 말 잘 듣고 잘 있어야 돼. 엄마가 금방 데리러 올 거니까."

"엄마 어디 가?" 나는 놀라며 급히 물었다.

"응. 엄마 아빠는 일이 좀 있어서 그 일 다 보고 조금 이따가 바로 너 데리러 올 거야."

난 그 말이 무엇을 의미하는지 전혀 몰랐으며 무서웠고 두려움과 공포에 휩싸여야 했다.

그 모습을 보며 어머니는 더욱 슬퍼하다 두려움에 떨고 있는 나를 떼어 놓으며 홀연히 산을 내려가 버렸다.

나의 2일간의 천국은 곧바로 천 길 절벽으로 떨어지며 공포와 두려움, 외로움으로 바뀌어 버렸고 "나를 이곳에 내버린 것은 아닌가?" 하며 나는 떨리기 시작했다.

짜장면과 옷을 사 주며 따듯했던 아버지의 사랑은 나를 이곳에다 버리기 위한 연극이었단 말인가?

이제 마지막으로 잘해 준 것이란 말인가?

아무 저항도 대항도 대응도 할 수 없는 무력함으로 오롯이 혼자 다 감당해야 했던 10살의 나는 두려움뿐이었다.

처음에 도착해 산에 올라올 때는 사방의 산들이 멋있어 보였는데 나 혼자 덩그러니 남겨지고부터는 바람조차도 살갗을 베어 갈 듯 차가워져 있었다.

나는 홀연히 산을 내려간 부모님 모습의 여운을 그리며 몸이 오돌오돌 떨리고 있었다.

두려움으로 몸이 주체할 수 없이 떨리는 나에게 "들어가자"며 손잡아 주던 고모님은 나를 안심시키려고 품에 안아 주었다.

"왜 이렇게 떨고 있니? 금방 온다고 했으니 조금만 기다리자꾸나."

I. 홀로서기

나는 이내 울음을 터트리고 말았다.

"그래 곧 올 거니까 우리 잘 지내며 기다리자."

좀 무뚝뚝하던 고모부도 측은히 바라보며 고모를 거들어 왔다.

※

소백산 줄기의 단양 첩첩산골~

어른들은 밭에 일 나가고 사촌들은 학교에 가고 나는 전혀 낯선 외딴곳에 하룻밤이 지났을 뿐인데 마치 1년은 지난 듯 가족의 그리움으로 가득해 있었다.

상상도 할 수 없는 두려움과 외로움에 휩싸여 몸은 연신 떨려 왔다.

"뭘 어떻게 해야 하는 거지? 얼마나 있어야 하지?"

뒤뜰 굴뚝 옆 나무 더미 구석에 숨어들어 쭈그려 앉아 두려움에 울기만 했다.

고모는 나를 찾아 부르며 발견하고 울고 있는 나를 다시 품에 안아 주며 달래 주었다.

"얘야 울지마라. 엄마 아빠 곧 올 거란다."

고모의 품속은 나에게 따뜻한 위로를 주었지만 그것은 아주 잠시뿐이었다.

버려졌다는 공포는 나의 모든 생각 속에 가득 들어와 다른 어떤 생각도 들어오지 않았고 아무것도 할 수가 없었다.

그런 나에게 고모 댁 식구들은 모두 따뜻하게 대해 주었다.

하지만 그런다고 나의 버려졌다는 마음과 외로움, 가족의 그리움은 전혀 위로가 될 수 없었다.

사촌들과 자는 매일 밤 한밤중에 자다 깨서 구석에 앉아 숨죽이며 울기 일쑤였다.

나는 꿈속에서라도 보고 싶은 엄마였지만 내 꿈속에 한 번도 나타나 주지 않았다. 그렇게 시작된 산골 타향살이는 외로움과 그리움으로 그 끝을 전혀 알 수 없는 기다림으로 시작됐다.

사촌 동생과 나는 내 몸보다 큰 지게를 짊어지고 산으로 땔감 나무를 하러 다니기 시작했다.

각종 곡물 추수와 가을걷이 들을 도와야 했지만 한 번도 해 보지 않았던 일들은 서툴렀고 너무 어렵고 힘든 일이었다.

하기 싫었지만 나에게 그런 선택권은 전혀 없었다.

처음 얼마간 나는 너무 힘들고 외로워 매일매일 울어야 했다.

부모님이 그리워 밤을 지새다 슬픔으로 잠들고는 이불에 실수를 하기도 했다.

고모는 키를 쓰고 소금을 꾸어 오라고 보냈고 옆집에 가서 창피를 당하며 혼나고 돌아오기도 했다.

그 수치스러움과 수모는 이미 위축될 대로 돼 버린 나에게는 악몽과 같은 일이었다.

아버지의 매를 피하기 위해 비굴했을 때보다 더 아프고 창피한 일이었다.

그때 뒤뜰로 가던 고모부의 혼잣말로 혀를 차며 화를 내던 모습은 나를 더욱 뒤뜰 처마 밑으로 움츠려 숨어들게 했다.

※

매 맞고 잠들었을 때 상처에 약을 발라 주던 절대 내 편이던 엄마가 너무 보고 싶었다.

따듯한 밥에 뭐든 맛있게 해 주려던 엄마의 사랑이 너무 그리워 견딜 수가 없었다.

밀가루 수제비로 몇 날 며칠을 먹는다 한들 어떻단 말인가?

그때가 지금 내 힘으로 어쩔 수 없는 이곳보다 수십 배 좋았었다.

우리 엄마는 이런 혹독한 추위에 나무는 나중에 하라고 해 줬을 텐데 그런 엄마의 품이 너무 그리웠다.

시간이 지나갈수록 그리움과 외로움은 더욱더 커져만 갔다.

왜 나를 이곳에 혼자 떨구어 두었는지 전혀 알 수 없었지만 죽일 듯이 매질하던 아버지도 너무 보고 싶어졌다.

맞아도 좋으니 때려도 좋으니 함께 있고 싶다고 빨리 데려가 달라고 소리쳤다.

나의 소리는 먼 산을 돌아 메아리로 돌아오며 더욱 슬픈 소리가 되어 내 가슴에 박혀 들어왔다.

산골 한겨울 추위는 왜 그리도 매서웠던지?

겹겹이 껴입은 옷 속으로 파고들어 오는 매서운 바람과 추위는 뼛속 골수마저 시려 왔다.

눈은 왜 그렇게 많이 오는지 아직 겨울이 다 가지도 않았는데 내 가슴까지 눈이 오기를 벌써 여러 차례였다.

그런 소백산 단양 산골의 눈 속을 뚫고 추위를 이겨 내며 땔감 나무는 거의 매일 해야만 했다.

10살에서 11살로 넘어가던 어린 나에겐 산골 마을의 겨울나기는 너무나 가혹했다.

금방 나를 데리러 온다던 부모님은 소식이 없는데 혹독한 겨울은 눈이 녹으며 겨울옷을 벗기 시작하며 지나고 있었다.

마을에서 면 소재지까지는 십오 리쯤 되는 거리에 있었다.

그 면 소재지나 가야 전방(슈퍼)이 있었다.

사촌 따라 한 번 갔던 그곳에나 가야 생필품들을 보충할 수 있었고 별 사탕이 들어있는 건빵이나 온갖 과자들을 볼 수 있었다.

10가구 동네 어른들은 학교도 안 가는 나에게 잔심부름을 시키기 시작했다.

아직 겨울이 다 지나지 않아 차가운 산골 골짝에 골을 타고 오르는 바람은 거센 폭풍이 휘몰아치듯 나뭇가지를 흔들어 때렸다.

후두둑~ 가지가 서로 부딪치며 끼이익~ 끅~ 끽~ 나는 소리에 나는 머리를 감싸안았다.

그 소리는 큰 공포로 들려왔고 나는 그 공포를 이기기 위해 큰 소리로 노래를 부르며 엄마를 크게 부르며 뛰어야 했다.

고모 댁에 오면서 부쩍 겁이 많아졌고 내 마음은 더 소심하게 웅크려 들어 있었다.

무서운 공포를 이겨 내며 뚫고 심부름을 다녀오자 동전 몇 닢을 나의 손에 쥐어 주었다.

나는 문득 그 동전을 받아 들며 돈을 모아 혼자서라도 집으로 가야겠다고 생각했다.

그 생각은 나에게 작은 희망이 되어 주었다.

그리고 나는 집에 가는 꿈을 가슴에 품으며 그리움을 이겨 내는 힘이 생기기 시작했다.

생각 하나가 이렇게 큰 변화를 가져오며 집까지 어떻게 가야 하는지 차비는 얼마나 드는지 전혀 모르지만 꿈을 꾸게 되니 조금 적응이 되기 시작했다.

하지만 그 꿈을 이루기 위한 심부름은 10가구 사는 마을에서 그리 많지가 않았다.

그렇게 가을에 시작된 나의 타향살이는 혹독한 겨울을 지나 봄이 되고 그 봄의 끝 어느 날, 꿈에서조차 그리던 나의 어머니 아버지가 나를 데리러 온 것이었다.

그때 그 기쁨으로 나는 구름 위를 날고 있었다.

엄마의 품에서 한없이 울며 너무 그리웠던 엄마 냄새에 춤을 추듯 펄쩍펄쩍 뛰었다.

8개월간의 서러움은 엄마의 품에서 다 지워져 버리고 있었다.

그렇게 그해 나의 봄은 집으로 가는 꿈 같은 현실이 되어 있었다.

열차 안에서 잠시도 엄마 품에서 떨어지지 않고 집으로 달려갔다.

모든 것은 꿈이었을까?

단양에서 돌아오고 얼마 안 되서 아버지는 여전히 집을 자주 비웠고 여전히 집에 오면 나는 매를 맞아야 했다.

한겨울 추위에 옷가지 하나 걸치지 못하고 쫓겨나기도 했다.

집을 자주 비우는 아버지 덕에 학기에 필요한 준비물은 물론이고 육성회비도 내지 못하는 처지였다.

가난은 죄였을까?

준비물을 못 사 가고 육성회비를 못 내는 이유로 교실 청소는 나와 몇 명이 맡아 하고 있었고 체벌도 단골로 받았고 나머지 공부도 밥 먹듯 해야 했다.

선생님은 준비물을 안 챙겨 오고 육성회비를 안 낸다는 이유로 나를 천대하고 학대하기도 했다.

담임선생님은 아버지와 같은 힘으로 억압하지는 않았지만 나를 눈치 보는 눈치 덩어리로 만들어 버렸다.

그 앞에서 나는 아버지에게 하듯 거짓과 변명으로 그 자리를 모면하려 비굴하게 엎드려 기어야 했다.

어느 날부터인가?

학교는 나에게 지옥이 되었고 학교 가는 등굣길에서 샛길로 **빠져** 놀다 하굣길에 집에 들어가기 일쑤였다.

그러다 하필 아버지가 있을 때 담임이 찾아와 학교에 자주 **빠져서** 왔다고 할 때면 그날은 한마디로 죽는 날이 되곤 했다.

나는 그런 선생님이 너무 싫었고 미웠다.

그러다 학교 친구들과 동네 친구들도 나를 무시하고 있었다.

한동네 친구들, 선후배들도 나를 더욱 주눅 들어 살게 했고 나는 약자에게 강하고 강자에게 약한 비굴한 녀석으로 완전히 변해 가고 있었다.

나보다 힘이 약한 애들도 자기 형들이 있는 애들 앞에선 기가 죽었고 그 애들은 형들을 의지해 나를 괴롭혔다.

나는 누구를 의지해야 하는 거지?

2.

아버지의 울타리

　15살 되던 해 아버지는 집을 오래도록 비웠다.
　단양 산골에서의 외로움과 그리움 탓일까? 사춘기라 그럴까?
　자라면서 감수성이 커져서 그런 것일까?
　마음속에 아버지에 대한 그리움이 한번 생기면서 외로움마저 크게 일어나 나를 괴롭히기 시작했다.
　오래 집을 비운 아버지가 너무 보고 싶어 어머니에게 조심스레 아버지 있는 주소를 물었다.
　어머니는 부평의 작은 공장 주소를 알려 주었다.
　집에서 부평은 거의 반나절 이상의 시간이 소요되는 거리였다.
　그러나 아버지가 보고 싶은 그리움에 비하면 거리와 시간은 전혀 문제가 될 수 없었다.

　부평 가는 길을 묻고 물으며 버스 갈아타기를 몇 번 끝에 오후에 아버지 사는 곳에 도착했다.
　모퉁이를 막 돌아섰을 때 10m쯤에 아비지가 서 있는 모습이 보였다.

반가운 마음에 "아버지!" 하며 다가갔다.

뒤를 돌아보던 아버지는 대뜸 "왜 왔냐?" 하며 나를 달갑지 않게 여기는 눈치를 보이고 있었다.

나는 가슴이 철렁했다. '아버지가 왜 그러지?'

순간 나는 당황하며 괜히 여기 왔구나 싶었다.

그러고는 내 안에서 갑자기 매를 때리던 무섭고 두려운 아버지로 확 바뀌며 눈치가 보이기 시작했다.

잠시 후 부엌에서 한 여자가 나오며 어색하게 나에게 인사를 하고 있었다.

그 여자는 우리가 사는 집에 여러 번 찾아왔었고 하물며 단칸방에서 여러 날 함께 자기도 했던 여자였다.

나와의 사이에서 그 어색함이 채 가시기도 전에 "애 밥 차려서 먹여 보내." 아버지는 여자에게 한마디 하고 어디론가 나가 버렸다.

나는 아버지 아들이 아닌 듯 생각됐다.

얼마나 보고 싶었는데, 그리움을 참고 참다 아버지가 너무 보고 싶어 왔는데 나를 완전히 남처럼 대하고 있었다.

과연 아버지의 진심은 무엇이란 말인가?

그래도 들어와서 뭐라고 말해 주며 아들 대접 해 주길 바랐다.

얼마나 지났을까, 차려진 밥을 다 먹었을 때 아버지는 다시 돌아왔다.

"애 차비 좀 줘서 보내. 조심해서 가라. 앞으론 오지 마." 툭 하고 이 말을 던지듯 하고는 아버지는 어디론가 다시 가 버렸다.

가족에 대해서 누구의 소식도 묻지 않는 아버지는 어머니가 아닌 다른 여자와 살면서 이미 남이 돼 버린 듯 생각됐다.
 보통 아버지들은 그런 상황에서 큰아들에게는 잘 대하며 미안해해야 맞는 거였는데 그러나 아버지는 나를 외면하고 있었다.
 나는 어색한 인사를 하며 여자 앞에서 돌아서 되돌아 나왔다.

 집으로 돌아가는 길, 밤 버스 뒷자리에서 상처 입은 가슴을 끌어안고 서러워 울었다.
 그동안 아버지의 모든 매질의 학대가 한순간에 다 다시 떠올랐다.
 집으로 돌아오는 버스에서 나는 아버지를 원망하기 시작했다.
 이재부터 아버지는 내 마음에서 지우겠다고 결심했다.
 이곳까지 오는 동안 아버지의 사랑을 기대했는데, 아버지가 큰 가슴으로 안아 주며 "너는 내 아들이다. 잘 왔다." 하며 기쁘게 맞아 주는 것을 상상하며 달려왔는데 아버지는 나를 문전박대하듯 대했다.

 나는 옆집 아저씨를 부러워한 적이 많았다.
 그 집 형편도 넉넉하지 않았지만 부모가 열심히 일하며 남매를 잘 보살펴 주는 다복한 가정이었다.
 옆집에서는 늘 웃음소리가 흘러나왔고 아버지의 든든한 울타리 안에서 자녀들은 늘 보호받으며 잘 자라고 있었다.
 평범한 가정을 이루고 사는 옆집의 일상이 나와 동생들에게는 늘 부러움의 대상이 되는 것은 우리의 형편으로는 당연한 것이었다.
 그러나 나의 아버지는 한 번도 나와 가족에게 울타리가 되어 주지 않았다.

울타리를 잠시 치고 있다가도 스스로 걷어내고 어디론가 떠나가 버렸다.

나는 오늘만큼은 너는 내 아들이다 하며 맞아 주길 기대하며 먼 길을 왔지만 아버지는 너무나 처참하게 나의 기대를 다 무너트려 버렸던 것이다.

다시는 아버지를 찾지 않을 것이라고 결심했다.

이 순간부터 아버지라는 울타리는 나에게 없다고 생각하며 살 것을 다짐하며 돌아왔다.

3.
외로운 성장기

　우리 집은 아버지의 부재로 값싼 월셋집을 찾아서 계속 이사를 다녀야 했다.
　홀로 자식들 먹이랴 입히랴 공부시키랴, 어머니는 막노동과 밭일 등을 서슴지 않고 해야만 했다.
　어느 날 밤 어머니는 술 한잔 하시고 오셔서 자는 내 머리맡에 앉아 하소연을 하면서 눈물의 넋두리를 하였다.
　"나에겐 너희들이 전부다 전부야. 너희들 아니면 엄마는 못 살아."
　나는 자는 척했지만 어머니의 하소연을 다 들으며 그 말에 의미를 가슴속에 새기었다.
　빨리 어른이 되어 부자가 되고 싶었다.
　어른이 되어서 어머니를 호강시켜 주겠다고 수없이 다짐하고 또 다짐을 했다.

　그러나 그런 다짐에도 나는 사회 어떤 곳에서도 적응하기 어려웠다.
　도대체 나에게 무슨 일이 일어나고 있는 것인지? 나에게 무슨 일이 있는 것인지? 내 속 깊숙이 숨어 있는 알 수 없는 의식들은 내 앞길에 큰 장애로 나타나고 있었다.

 평상시엔 그냥 평범했지만 뭔가 작은 일이라도 발생하면 나는 급격하게 위축됐으며 모든 수단과 방법을 다 동원해 변명하고 거짓말하고 약한 자에게 덮어씌우는 비열함이 나타나고 있었다.

 거기에 더해 그 자리를 일단 도망치고 보는 야비함과 무책임한 모습도 내 안에 가득히 들어 있었다.

 또 나는 조금이라도 강한 친구들과는 전혀 어울리지 못하며 피해 다니는 성격이 되어 있었다.

 그러다 보니 무리에서 소외되고 따돌려진 작고 약한 애들만 내 친구이며 선후배가 되어 있었다.

 도대체 나에게 무슨 일이 일어난 것인가?

 내 안에 감추어진 그것은 무엇이기에 왜 세상과 결합하지 못하며 세상 앞에서 위축되고 비겁하게 도망만 치려고 하는 것인가?

 그때 내가 살던 곳은 빈민촌 부락을 이룬 곳이라 대부분 학교를 다니지 못하고 취직을 해서 가정에 보탬이 돼야 했다.

 당시 청소년기에 일자리는 그리 많지 않았지만 혹 취직을 했을 때 관리자나 동료들과 작은 문제라도 생기면 나는 급격하게 위축되고 말았다.

 왜 관리자의 작은 꾸중조차도 듣는 것이 어려운 것인가?

 그런 일들은 누구에게나 있는 일상인데 나는 그 평범한 일상에서 도망치고 싶은 생각으로 바로 그만두는 악순환이 이어지고 있었다.

평탄한 가정의 친구들은 그래도 직장을 잘 다니는 편이었지만 유독 나와 몇 명만은 여전히 적응하지 못하고 있었다.
나는 어머니를 도와야 하는데 노력과 인내심이 부족한 초라한 존재로 살아가며 자신을 자책하며 비굴하게 살고 있었다.

아버지의 학대와 멸시 그리고 저주의 말, 내 기를 꺾어 버리는 말들을 들었으며 학교에서조차도 적응을 못 했고 주변의 무시를 당했던 나는 이미 사회와 격리되어 가고 있는 것처럼 전혀 적응을 못 하고 있었다.
이런 나 자신을 발견하면서 나는 더욱 위축되어 갔고 청소년의 꿈을 제대로 꾸지도 못하며 살아갔다.
가끔씩 친구와 미래에 대해 이야기를 하기도 했지만 그때마다 나는 산속이나 무인도에 가서 혼자 살고 싶다고 말하곤 했다.
그런 생각이 가득해서 그럴까?
나는 내성적인 성격으로 이미 만들어져 있었고 늘 혼자 있고 싶었고 혼자 어디론가 훌쩍 떠나고 싶은 마음에 자주 사로잡혀 가고 있었다.

※

시멘트 블록조에 스레트 지붕이며 연탄 아궁이가 있는 집에 살았던 16세 때의 일이었다.
여름엔 찜통 더위, 겨울엔 웃풍으로 코끝이 시린 단칸방에 어머니와 4남매가 살고 있었다.
비록 가난하고 초라한 집이었고 풍족하지 못했지만 크게 불행하지는 않은, 그래도 우리 가족의 아늑한 집이었다.

한 가지, 어머니가 고생한다는 것이 나의 쓰라린 아픔이었다.

어느 날 아버지와 나이가 비슷한 일가친척 형이 아버지에게 빌려준 돈을 못 받았다며 TV를 보고 있는 코드를 뽑고는 가져온 등짐 멜빵으로 TV를 묶더니 냉철하게 어깨에 메고 가는 일이 발생했다.

잡고 매달리고 말리려 했지만 친척 형은 큰 체구와 센 힘으로 막무가내로 TV를 메고 홀연히 가 버렸다.

어머니와 나, 우리 남매들은 너무나 황당하고 어처구니없는 상황 앞에 큰 상처를 받고 말았다.

누구를 탓하려는 것보다 아버지의 그런 일들로 피해는 고스란히 우리 가족에게 그대로 돌아온 것이었다.

그런 일이 있은 후 다음 해 아버지가 불쑥 집에 나타나 하는 일이 잘 되고 있어서 곧 집으로 돌아올 거라며 장황하게 어머니에게 말을 하고 있었다.

나는 창문에서 그 말을 엿듣고 있다가 생각했다.

아버지가 돌아와도 당장 잘 곳도 없는데 오신다니, 아버지에게 뭔가 다른 꿍꿍이가 있다고 생각됐다.

조금 지나 내 예상이 딱 맞았다.

아버지는 그 하는 일에 돈이 조금 부족하니 돈을 좀 빌려 달라는 것이었다.

자식들과 하루 벌어 하루 먹기도 힘든 형편인데 돈이 있을 리가 없었다.

어머니가 돈 없다고 하자 어디서 빌려서라도 오면 바로 갚겠다며 어머니를 설득하는 것을 창문을 통해 듣다가 나는 문을 활짝 열고 뛰어들어가 아버지를 밀치며 가라고, 다시는 오지 말라고 소리쳤다.

그때 나는 처음 아버지를 밀치며 대들었다.

"아버지 다시는 우리 집에 오지 마세요." 다시 소리치고는 뛰쳐나와 버렸다.

아버지는 황당했을 것이었다.

한 번도 아버지에게 대항 없이 매만 맞던 어린 자식 놈의 반발에 크게 놀랐을 것이 뻔했다.

한참 후 다시 창문으로 집안을 바라보니 아버지는 방바닥만 한동안 내려다보더니 훌쩍 집을 나간 그 후로 오랫동안 집에 오지 않았다.

*

10대와 20대 초반의 나의 삶은 한마디로 빵 점짜리 인생이었다.

친구들 대다수는 공장에서 일했지만 나는 여전하게 사회에 적응을 못 하고 있었다.

끈기도 없었고 인내심도 없는 나 스스로 생각해도 아무짝에도 쓸모없는 버려진 인생처럼 생각하며 살아야 했다.

그런 나를 비관하며 차츰 성격이 거칠어지고 포악해지기 시작했다.

누구든 내 편이 돼 주는 사람과는 바로 친해졌고 나에게 적대심을 가지면 그는 바로 거칠게 적대하는 적이 돼 버렸다.

친구들에게도 급한 성격 때문에 욕을 여러 차례 들었지만 나는 고치지 못하고 있었다.

　어쩌면 나는 그 성격 안에다 나의 부족함과 무능함, 인내심, 비굴함, 거짓된 나의 모든 것을 넣어 도피처로 삼으며 숨기고 있었는지도 몰랐다.

　뭐든 불리해지면 특별한 이유도 없이 성질부터 부리며 빠져나가는 치졸함으로 무장되어 감추고 있었기에 도피처가 맞았다.

　통행금지가 있었던 한 밤에 여자친구와 놀다 보니 12시가 넘어 버린 일이 발생했었다.

　시장 근처에서 야간 순찰을 돌던 방범에게 붙들려 약식 조사를 받을 때에 나는 무의식중에 여자친구 핑계를 대며 그 자리를 모면하려는 야비함을 보이고 말았다.

　나는 모든 면에 늘 이런 식이었다.

　나에게 닥치는 위기가 작든 크든 그런 일은 아무 상관 없이 일단 회피나 도피를 먼저 생각하며 비굴해지는 것이 나의 모든 것이었다.

　그날 만난 지 얼마 안 됐던 여자친구는 그 뒤 그대로 소식 없이 사라져 연락이 되지 않았다.

　거울을 바라보며 나 스스로에게 지금 이 상황을 물었지만 내 내면 속에 숨어 있는 또 다른 나를 도저히 이해할 수가 없었다.

※

　폐결핵을 앓고 있는 친구가 한 명 있었는데 그는 체격이 좀 작았고 허약했으며 누구보다 순진하고 착한 친구였다.

나는 그 친구와 친하게 지냈고 그를 감싸주는 역할도 마다하지 않았다.

친구 중에는 그 친구의 폐결핵 병 때문에 그를 멀리하는 친구도 있었지만 나와 친했던 몇 명의 친구들은 그런 것은 아랑곳하지 않았고 한방에서 뒹굴며 그를 도와주며 친하게 지내고 있었다.

나는 유난히 약했던 그 친구를 더 보호해 주며 뭐든 챙겨 주려 노력하고 있었는데 그때 그 친구를 하대하듯 하며 괴롭히던 한 친구가 있었다.

그는 키 180cm가 넘는 건장한 체구에 태권도와 격투기 운동을 오래도록 한 유단자 친구였다.

그는 폐결핵에 걸린 그 친구를 자꾸 건드려서 내가 그만 그를 밀치며 정의의 사도 행세를 하고 만 것이었다.

자기보다 키도 한참 작은 내가 여러 친구들 앞에서 밀치며 무안을 주자 그 친구는 발끈 화를 내며 내게 대들며 시비를 걸어왔다.

나는 그 당시 샌드백을 치며 축구를 매일같이 하고 있었지만 상대의 체격과 오래도록 태권도 등등 운동을 했다는 것을 알기에 위축이 될 수밖에 없었다.

더구나 내 안에 비겁함이 가득하고 위축된 마음이 여지없이 나타나며 비굴하게 되는 건 당연한 일이었다.

나의 본연의 모습, 비굴하게 굽히는 습성이 발휘돼야 하는 순간이었다.

그러나 나의 그런 비굴함이 발휘되기도 전에 여러 명의 친구들 앞에서 그는 나와의 1대1 싸움을 신청해 왔다.

"뭐? 1대1 싸움?"

이미 내 안에서 두려움과 비겁함이 나타나며 빠져나갈 궁리에 몰두했지만 그와의 1대1 싸움은 이미 친구들 앞에 기정사실화 되어 가며 피할 길과 다른 어떤 방법이 보이지 않았다.

상대방 친구는 우리와는 자주 어울리지 않았지만 나이는 같았고 가끔 만나며 친구로 지내는 그런 사이였다.

공터 한적한 곳에 친구들과 거리를 조금 두고 단둘이 마주 보며 말을 하고 있었는데 그는 말하는 도중 예고도 없이 먼저 주먹을 날려 왔다.

그 주먹을 맞고 잠시 뒤로 주춤하는 사이 뒤에서 치사하게 선방이냐며 아우성이 일어나자 상대가 잠시 머뭇거리는 사이 나도 정신을 다시 차렸다.

그리고 우리는 다시 싸움이 시작되고 눈 깜짝할 사이에 상대는 나의 주먹을 얼굴에 맞으며 땅바닥에 툭 쓰러져 버렸다.

어떤 상황인지 나는 기억도 잘 나지 않았지만 상대는 내 앞에 무릎 꿇고 "내가 졌다, 미안하다"며 말하고 있었다.

그 일이 있은 후 친구들과 선후배와 동네에 그 소문이 퍼지며 내 위상은 높아지고 있었다.

하지만 나는 그때 약자인 친구를 보호했다는 자부심으로 더 당당했으며 폐결핵 걸린 친구와 더욱 친해질 수 있었다.

사내들은 그런 것인지? 나는 이때부터 나 자신에 대한 자부심과 자신감은 약자를 돕는 마음으로 더욱 확고히 자리 잡을 수 있었다.

  그리고 내 속에 들어 있는 비굴함을 조금 덜어낼 수 있는 계기가 되기도 했다.

  그리고 무엇보다 좋은 친구들이 내 옆에 있어 줘서 나는 그들과 함께 동행함으로 차츰 나의 위축과 비굴함을 조금씩 씻어내기 시작했다.

II

택함

# 4.

교회

21세 되던 해 나는 친구들과 방을 얻어 자취를 시작했다.

자취방이 생기면서 그 방은 친구들의 아지트처럼 되어가고 있었다.

착하고 순한 친구가 있는가 하면 거칠고 포악한 친구와 방석집(색시집) 기둥서방처럼 살고 있는 친구들도 있었다.

나이트클럽 지배인도 있었고 카바레 웨이터도 있었다.

젊음을 마음껏 즐기며 누리기 위해 긴 머리 장발에 나팔바지, 바바리코트에 도끼빗을 코트 안주머니에 넣고 다녔고 청바지 뒷주머니에 꽂고 다니는 유행에 민감한 시기를 친구들은 나름 잘 따라가고 있었다.

나 역시 단발머리, 긴 머리, 파마머리, **빡빡머리**를 하며 온갖 멋을 부려 보려 애쓰며 유행을 따라가고 있었다.

추석 전후로 콩쿨 대회가 동네마다 시작됐고 그 무대에 올라 고고춤을 추며 노래 부르던 동네 한 곳에 방을 얻어 살았고 그 동네는 유난히 흥이 많은 동네였다.

자질구레한 사건 사고가 자주 일어났던 그곳은 깍두기 흉내 내는 똘마니 건달들이 유독 많았던 탓에 우범지역으로 낙인 찍힌 동네이기도 했다.

우리는 그런 동네에 살며 자칭 꽤나 의리 있고 사이좋은 친구들이었다.

사내들이다 보니 어깨를 으쓱이며 강한 척 우쭐대기도 하며 자신의 존재를 나타내는 객기를 부리기도 하는 친구들로 뭉쳐 있었다.

유난히 나하고 단짝이던 김민채란 친구는 키 180cm에 근면 성실한 친구였다.

고향은 전남 구례 섬진강 근처였고 형님이 근처에 살고 있었다.

민채 친구는 나와 축구하러도 함께 다녔고 쌈박질과 나쁜 짓도 함께하는 막역한 사이였다.

그때 우리의 젊음은 동네에 거칠다고 나쁜 놈들이라고 소문이 나 있었다.

사실은 그 소문보다 우리 친구들은 더 착하다고 생각되었지만 동네에선 우리 친구들을 그렇게 보고 있었다.

나는 그런 친구들과 매일 매 시간 어울려 살면서 차츰 아버지의 눌림에서 조금 벗어나며 성격도 조금씩 바뀌어 가고 있었다.

그러던 어느 날 한 친구가 말죽거리에서 친구를 데려와 소개시키면서부터 일들이 조금씩 생기기 시작했다.

그 친구들은 카세트를 어깨에 메고 팝송을 부르며 거리를 활보하고 다니는 특이한 친구들이었다.

　마치 영화 속의 갱단의 한 장면처럼 거리에서 춤을 추며 낄낄거리고 껄렁거리며 거리를 활보하고 있었다.

　그 애들은 험악하고 너무 심하게 폭력적이었다.

　뉴스에서나 보던 행동들을 그 애들은 아무렇지 않게 서슴없이 하는 바람에 동네는 순식간에 그 애들 때문에 흉흉한 우범지역으로 바뀌어 버렸다.

　그 애들은 그런 소문이나 시선, 공권력 등을 전혀 아랑곳하지 않았고 시간이 지나며 더욱 당당하게 행동하고 있었다.

　어디에서 그런 행동을 하는 배짱이 나오는지 몰랐지만 두려움을 갖게 하는 친구들이었다.

　그래도 우리 친구들은 말죽거리 애들에 비해 순수했는데 한순간에 한통속으로 취급되기 시작했다.

　사내들 의리란 그런 것일까?

　걱정스런 마음은 조금 있었지만 우린 그 애들과 자연스레 어울렸고 그 애들을 감싸 주며 거리에서 함께 춤을 추며 차츰 불량스러워지고 있었다.

*

　그러던 중 내 삶을 안타깝게 바라보던 한 사람이 있었다.

　나를 유난히 아껴 주며 따뜻하게 대해 주는 동네 분은 집 근처 길가 세탁소를 운영하고 있었다.

특히 여주인 교회 권사님은 더욱 나를 각별하게 아껴 주며 사랑해 주었다.

권사님은 한 번도 교회에 가 본 적이 없던 내가 보기에도 정말 독실한 교회 신자로 느껴질 만큼 온화하고 따듯하며 늘 밝은 미소의 천사 같은 사람이었다.

때론 누나처럼 엄마처럼 음식을 나누며 사랑을 전해 주던 그 천사의 모습으로 나에게 교회 한번 가자고 말하며 간증을 들려주었다.

권사님은 위암 말기 선고를 받고 죽을 날만 기다리다 완치 판정을 받은 사람이라고 했다.

처음 위암 선고를 받았을 때 하늘이 무너지는 충격을 받았고 그 암 치료를 하면서 조금 있던 재산을 다 써 버리며 가세는 다 무너졌는데도 병세는 오히려 더욱 악화되었다는 것이었다.

결국 기울어진 집의 생활고 때문에 변두리에 들어와서 세탁소를 하게 된 것이었다.

자신의 병 때문에 남편과 자녀들이 고생을 많이 했다며 너무 미안해서 죽고 싶은 마음이 하루에도 수없이 들었다고 말했다.

그렇게 굳게 믿고 있던 하나님을 때론 원망하기도 했고 스스로 목숨을 끊고 싶을 때도 많았다고 했다.

그런 죽고 싶은 고통 속에서도 권사님은 예배와 기도, 성경 읽기만은 계속하였다고 했다.

예배, 기도, 성경 통독은 자신을 지키는 유일한 희망으로 절대 끊을 수 없는 평생을 해야 하는 일로 여겼다.

그렇게 시간은 아무 결과도 없이 흘러 결국 1개월의 마지막 시한부 판정을 받았고 생의 마지막을 준비하면서 "하나님 저의 병을 고쳐 주세요, 저를 고치셔서 복음을 위해 살다 죽게 해 주세요." 그런 중에도 권사님은 이 기도만은 거르지 않고 꼭 하고 있었다.

그 기도는 권사님에게는 또 하나의 마지막 생명줄이며 자신이 처해 있는 상황에서 할 수 있는 유일한 일이었다.

하루도 안 빠지며 그렇게 좋아 매일 다니던 새벽기도마저 못 다닐 정도로 기력이 쇠약하여 죽음 앞에 더 가까이 다가가던 한 날 새벽에 마지막 힘을 다해 살려 달라고 기도하던 때에~ 배 안에서 뭔가 치밀어 오르는 듯 울컥울컥 구토가 시작됐다.

물 외에는 먹은 것이 아무것도 없는데 울컥울컥 구토가 올라오는 알 수 없는 그 상황에 "주님, 입으로 말고 밑으로 쏟게 해 주세요." 그렇게 기도하고 그 뒤 얼마 동안 구토가 계속 반복해서 나오더니 갑자기 하혈이 시작되며 피가 물처럼 쏟아져 나왔다.

그리고 연이어 그 피 속에 큼지막한 핏덩어리들이 함께 쏟아져 나오고 있었다.

권사님은 그때 하나님께서 이제 나를 데려가시는구나 하고 생각해야 했다.

이제 살려 달라는 기도도 할 수 없고 모든 것을 다 포기한 채로 그렇게 한참을 다 쏟고 더 쏟을 것이 없다고 생각됐을 때 알 수 없는 힘의 기운이 마음 저 깊은 데서 올라오며 몸도 마음도 평안해지기 시작했다.

그리고는 갑자기 자신도 모르게 찬양을 부르기 시작하면서 오래도록 죽조차 먹을 수 없었는데 음식 생각들이 나기 시작했다.

그 후부터 몸이 회복되는 기적을 체험하고 살아났다며 자신을 치료해 준 하나님을 말하면서 이내 눈물을 글썽이기도 했다.

"총각, 내가 만난 하나님은 누구에게나 동일하셔요. 꼭 교회 나가서 하나님 만나 봐요. 세상 그 무엇보다 좋고 행복해지니까요."

나는 그 간증을 들으며 반신반의하고 있었다.

그 후로도 권사님은 세탁소 앞을 지나가는 나를 불러들이고 천사의 미소로 나를 대했고 누님처럼 엄마처럼 늘 따뜻하게 대해 주었다.

그 간증을 듣고 시간이 지나면서 내 마음속에 조금 이상한 변화가 일어나기 시작했다.

권사님 간증이 조금씩 믿어지고 있었으며 하나님이 정말 존재할까? 하며 의문만 있었는데 그렇게 하나님의 존재는 내 가슴속 한 곳에 깊숙하게 들어와 조금씩 궁금해지기 시작하고 있었다.

나 같은 녀석도 하나님은 받아 줄까?

이런저런 생각은 했지만 나는 전혀 교회를 나가거나 하지는 않았다.

그 일과 교회 나가는 일은 별개의 일이었고 난 철저하게 무신론자였기 때문이었다.

말죽거리 친구들과 우리는 그 당시 정화위원회의 관리를 받기 시작했다.

정화위원회는 그 힘과 권리가 막강했다.

사회 곳곳 우범지역(위험한 곳)에 설치되어 이름 그대로 사회를 정화시키기 위해 일하고 있었다.

그 후 결국 얼마 지나지 않아 말죽거리 친구들은 정화위원회의 경고를 받고는 동네를 떠날 수밖에 없었다.

그 권고와 경고를 무시한다면 경찰력이 동원된다는 것을 너무나 잘 알았기 때문에 우리는 따를 수밖에 다른 도리가 없었다.

그 애들이 떠나고 자취방과 동네는 다시 평화로 돌아왔다.

평화 뒤에 우리 친구들은 더 나쁜 불량아로 낙인찍히는 상처도 있었지만 사고 없이 평화가 온 것은 우리 모두에게도 너무 다행이고 좋은 일이었다.

※

그런 평화가 흐르던 어느 날부터 자취방에 매 주일 아침이면 교회 가자며 여동생 친구가 찾아오기 시작하며 자취방의 평화가 깨지고 말았다.

못 들어오게 문을 잠그면 열릴 때까지 두드리는 끈기마저 가지고 있었다.

친구들은 동생을 비아냥거리며 나보고 빨리 교회에 나가든지 해야 자취방이 평안하다며 나와 동생을 함께 놀리기도 했다.

여동생이 나를 조금 좋아하고 있다는 걸 알고 있었지만 그 애는 그냥 동생으로 생각돼서 별 관심은 없었다.

그런데 여동생은 한 달, 두 달, 6개월이 지날 즈음까지 교회 한번 가자며 매 주일 오전이면 잠도 안 깬 머리맡에 찾아와 졸라 대고 있었다.

환한 미소를 지으며 조르는 동생을 박절하고 매정하게 대할 수는 없었지만 그렇게까지 끈질기게 매달릴 줄은 몰랐는데 정말 상상치도 못할 정도의 열정과 열성으로 좀처럼 끝낼 기미가 보이지 않고 있었다.

친구들은 그 동생 때문에 매 주일마다 한마디로 난리였다.

네가 나가 살든지 못 오게 하든지 하라고 나에게 아우성을 치고 있었다.

나는 그 애가 교회에 다니는 것도 이상했지만 교회 때문에 친구들에게 갖은 모욕을 다 들으면서도 견딜 만큼 가치가 있는 것인지 정말 궁금하기도 했다.

그러던 여름 한 날~

교회에서 가을 체육대회가 있는데 그때 친구들과 교회 축구 대표로 나가면 안 되냐고 하는 것이었다.

"오빠가 감독하구?"

"축구?"

나와 친구들의 관심은 교회보다 축구 시합에 다 집중되기에 충분했다.

그 당시 우리는 일이 없는 날이나 공휴일엔 매일 운동장에 나가 하루 종일 공을 차며 놀고 있었다.

친구들과 축구 시합도 거의 매주 하다시피 할 정도로 축구를 정말 좋아했고 승리 확률이 꽤나 높은 우리 팀이었다.

친구들 중 몇 명은 고등학교까지 축구를 한 친구들이 있었던 덕분에 우리 팀은 아마추어 중에 비교적 강한 팀이 될 수있었다.

그렇게 좋아하는 축구 시합은 나에게 교회 문턱을 가볍게 넘어가게 해 주었다.

30여 명의 재적인원 정도의 개척교회에 처음 출석하게 된 것이었다.

예배당은 앞에는 마룻바닥에 방석을 깔아 놓은 자리였고 뒤에는 긴 장의자가 놓여 있었다.

나는 맨 뒷자리에 앉아 시간을 때우듯 예배를 드리고 싶었지만 동생은 나를 맨 앞자리 마룻바닥 방석 위로 안내했다.

어려서부터 아버지 무서워 교회, 성당, 절 등을 나가는 것은 꿈조차 꾸지 못했었다.

부활절에 가까운 교회와 성당에서 주는 부활절 달걀조차도 아버지 무서워서 못 받아먹을 정도로 아버지는 나에게 무서운 존재였다.

어찌 됐든 나처럼 철저한 생짜 무신론자가 교회 마룻바닥에서 난생처음 예배를 드리니 이날은 나에게 분명 역사적인 날이었다.

설교는 도대체 무슨 소리인지 뭔 말을 하는지 전혀 뜻을 모른 채 시간이 지나가고 있었다.

그 예배 시간에 하필이면 속이 안 좋아 부글부글 끓으며 방귀가 나오려는 것을 참느라 식은땀마저 줄줄 흘러내리고 있었다.

설교하던 목사님이 "오늘 처음 온 청년 더운 거 같은데 선풍기 좀 돌려 줘요." 하며 말하기도 했다.

그렇게 나의 첫 예배는 땀을 뻘뻘 흘리며 드린 예배가 되었다.

하나님은 축구를 통해 나하고 친구 김민채와 신용섭선배와 몇몇을 교회로 불러들이셨다.

그리고 몇 개월간 축구 연습을 하며 교회도 잘 나가기 시작했다.

나는 공격수, 친구 민채는 든든한 수비수, 친했던 선배 용섭도 공격수였다.

축구 때문에 나오게 된 교회였지만 우리는 교회의 어른들의 극진한 환대에 그래도 나름 착실하게 다니게 되었다.

그리고 그 가을 교회 체육대회에서 축구는 준우승을 했고 여러 가지 종목에서 성적을 내며 20개 참가 교회들 중 작은 개척교회에서 종합순위 2위를 차지하게 되었다.

나를 구원하시려는 계획에 축구를 사용하셔서 교회로 부르신 부르심을 받으며 하나님의 계획 속에 나와 친구, 선배는 동참하게 되었다.

5.
체험

나에게는 의형제를 맺은 형님이 있었다.

한 동네에 4살 많은 목부(목장) 일을 하는 형님과 의형제를 맺었다.

형은 시골 이천 태생으로 내가 살고 있는 동네 목장에 올라와 일을 하는 누구보다 근면 성실한 사람이었다.

형의 성실함을 칭찬하는 소리는 동네 아이부터 어른까지 누구나 말할 정도로 소문이 나 있었다.

형의 어머니는 독실한 크리스천이었다.

비가 오나 눈이 오나 예배는 물론이었고 새벽기도 한 번 빠지지 않는 태산 같은 믿음의 사람이었다.

그러나 형은 어머니처럼 교회를 나가지는 않고 있었다.

이유야 여러 가지 있을 수 있지만 목장 일은 시간 내는 것이 쉽지 않다는 것이 큰 이유 중에 하나였다.

그러다 형은 교회 근처에 자신이 운영하는 목장을 차려 직접 운영을 시작하면서 나는 그 목장에 자주 찾아가 살다시피 하며 매일 함께하는 아주 가까운 사이였다.

　우리는 교회도 함께 다녔지만 나는 몇 년을 다녔어도 믿음은 전혀 자라지 않고 있었다.

　하지만 형은 어머니의 기도 때문인지 믿음이 급속도로 자라며 빠르게 안정되어 갔다.

　형은 그 믿음으로 나의 부족함을 오히려 이끌어 주기까지 하고 있었다.

　그때 나는 몇 년 전 공장 일을 하다 다친 허리 때문에 심한 육체적 일을 할 수 없는 처지였다.

　개척교회는 소소한 일들이 참 많았다.

　그때마다 나는 빠지지 않고 봉사 자리에 참여하며 좋아하고 있었다.

　개척교회라 일할 봉사자가 몇 안 될 때 여러 가지 일거리를 모아 봉사하는 날이 다가왔고 그중에 남자들이 해야 할 일은 교회 마당에 시멘트 미장 공사를 하는 것이었다.

　그 물 양이 그래도 꽤 되는 양이라 몇 안 되는 봉사자들로 시멘트를 이기고 비벼서 하기에 꽤나 힘에 버거운 일이었다.

　나는 그때 다친 허리를 또 삐끗했던 상태라 일을 해서는 안 되는 상황이었다.

　공사가 시작되고 나는 옆에서 잔심부름을 돕다가 어느 순간 일을 주도적으로 하게 되고 말았다.

　일을 보면 참지 못하는 나의 성격 때문에 벌어진 상황이었다.

　그리고 교회는 나에게 너무 따듯한 곳이어서 몸을 전혀 아끼고 싶지 않았다.

교회에서 과분한 사랑을 받은 것을 대신하기 위해 뭐든 도움이 되고 싶은 마음 탓에 그런 행동이 나온 것이었다.

공사가 마무리되고 더 불편해진 허리를 구부정하게 서 있을 때 목사님은 "자 감사합시다." 하며 축복해 주었다.

그해 11월 말, 늦가을이 막 지나는 겨울 초입, 교회에서 부흥회가 시작되었다.

형과 교회 목사님과 여러 집사님들이 부흥회에 꼭 참석하라고 나에게 권해 왔다.

그중에 형은 좀 더 강하게 참석할 것을 권유해 왔다.

"그래 이렇게들 하는데 한번 나가 주지 뭐." 하는 마음으로 선심 쓰듯 첫날 참석했지만 전혀 어떤 느낌도 받을 수 없었고 너무 지루하기만 했다.

2일째 되는 날도 참석했고 설교 후 불을 끄고 미등을 켠 채 통성으로 기도를 하라는 것이었다.

생전 들어 보지도 못한 소리들로 부르짖는 기도 소리에 나는 놀라며 살짝 실눈을 뜨고 주위를 살펴보았다.

상상을 초월하는 몸부림과 부르짖음은 정말 놀라지 않을 수 없었다.

기도가 이런 것인가?

더구나 옆집 아주머니를 보며 나는 더 놀라지 않을 수 없었다.

그녀는 욕쟁이에 싸움도 잘하는 사나운 성격을 가지고 있었다.

나하고도 부딪친 적이 있는 아주 까칠한 사람이었다.

그런 아주머니는 두 손 들고 머리를 흔들며 소리 지르며 뭔가를 말하고 있었다.

"뭐 하는 거지?"

나는 그 광경을 보고는 교회를 빠져나왔다.

나의 걸음 뒤에 남겨진 교회 기도의 여운이 길게 늘어져 따라오고 있었다.

다음 날 새벽과 오전 부흥회에 참석하며 하루 종일 그 기도 장면을 생각하며 하루가 지나갔다.

왜 그 기도의 모습들이 계속해서 생각나는지 알 수 없지만 꼬리에 꼬리를 물고 생각은 이어져 왔다.

화요일 저녁 부흥회 참석을 조금 망설이다 나도 다시 참석해서 기도 한번 크게 해 보고 싶다는 생각이 들었다.

그날 밤 나는 부흥회 시간에 조금 늦게 들어가 맨 뒷자리에 조용히 앉았다.

누구의 간섭도 받지 않고 그냥 조용히 참석하고 싶어서였고 왠지 부흥회에 참석한다는 것이 좀 창피하다는 생각에서였다.

부흥강사 목사님과 눈이 마주쳤지만 나는 조용히 뒷자리에 앉아 설교를 듣기 시작했다.

얼마나 시간이 흘렀을까? 설교가 끝나고 찬양을 부르며 다시 전등불이 모두 소등됐다.

나는 이 찬양이 끝나고 통성기도가 시작되면 조용히 나가자고 생각하며 찬양이 끝나기를 기다리다 통성기도 시간이 되어 기도가 시작되며 눈을 뜨고 욕쟁이 집사 아주머니의 모습을 다시 바라봤다.

여전히 어제의 그 모습으로 기도하는 모습을 보며 나가려던 생각이 잠시 머뭇거려졌다.

나도 기도 조금만 해 보고 갈까? 하며 다시 자리에 앉았다.

'근데 기도를 어떻게 하지? 나도 두 손을 들고 할까?'

여러 생각들을 하며 잠시 시간이 지나고 그냥 편하게 조금 기도하다가 가자고 생각했다.

나는 그때 축농증이 심했었다.

몇 년 전 방망이를 피하다 맞은 뒤 치료를 제때에 하지 못한 것이 원인이 되어 병을 키우고 만 것이었다.

코맹맹이 소리로 간신히 입 밖으로 내는 작은 소리의 기도를 시작했다.

두 손은 보일 듯이 조금 올려 들었다.

잠시 아무런 느낌 없이 시간이 지나고 작은 공간에 밀집되어 뜨겁게 기도하는 탓인지 갑자기 얼굴이 너무 더워져 눈을 뜨고 웃옷을 벗으려는 순간이었다.

신비한 광경이 내 눈앞에서 발생한 것이었다.

생전 보지 못한 이상한 푸른 빛 두 줄기가 춤을 추듯 어디선가 날아오르더니 이리저리 꿈틀대며 움직이고 있었다.

그 빛은 빠르지도 느리지도 않게 이리저리 너울너울 움직이며 5미터쯤 거리에서 움직이고 있었다.

"저게 뭐지?"

잠시 그러더니 그 두 줄기 빛이 나에게로 점점 다가오고 있었다.

나는 두렵고 떨리는 마음으로 밖으로 뛰쳐나가고 싶었지만 몸은 전혀 움직여지지 않고 있었다.

어디서 어떻게 생긴 것인지, 그 빛은 왜 내 앞으로 다가와서 너울너울 움직이는지 나는 두려움에 몸이 떨려 왔다.

그 빛은 잠시 그 자리에 서서 이리저리 길게 꼬리를 틀며 흔들흔들 돌다가 갑자기 내 코로 쑥 하고 들어와 버리는 것이었다.

너무나 갑작스런 돌발 상황 앞에 난 소스라치게 놀라서 눈이 번쩍 떠졌다.

눈을 떴지만 두 줄기 푸른 빛은 꾸불꾸불 춤을 추며 여전히 내 콧속으로 날아 들어오고 있었다.

그 빛줄기는 많은 사람들을 다 지나쳐서 나에게만 들어오고 있다는 것에 나는 더 놀라게 되었다.

그 두 줄기 빛은 내 코에 들어오며 너무나 독특한 향기를 내고 있었다.

세상에서 한 번도 맡아 보지 못한 그 좋은 향기는 코를 막고 숨을 멈춰도 났으며 눈을 떠도 감아도 그 빛의 형체는 지워지지 않은 채 그대로 꾸불꾸불 일렁일렁 곡선을 그으며 여전히 내 콧속으로 날아 들어오고 있었다.

몇 년 전부터 찬바람이 불기 시작하면 비염이 심해지는 증상으로 냄새를 제대로 못 맡던 내가 세상에는 전혀 없는 향기에 취해 가기 시작했다.

그러는 어느 사이인가 내 눈에 주체하지 못할 눈물이 흐르고 있었다.

내 의지와는 전혀 상관없이 일어난 그 빛은 신비했지만 나에게 큰 두려움도 주고 있었다.

또 한편에는 한 번도 경험하지 못한 알 수 없는 기쁨도 내 안에서 일어나고 있었다.

※

얼마나 시간이 지났을까?

그 빛이 갑자기 사라졌고 나는 그 빛이 다시 생겨나 돌아올지 모른다는 생각에 잠시 기다렸지만 다시 나타나지 않았다.

나는 조용히 자리에서 일어나 집으로 향했다.

한결 가벼워진 몸과 마음으로 조금 전 나에게 발생한 그 일을 다시 생각하자 어제보다 더 큰 여운이 내 안에 가득했다.

'그게 뭐였지? 도대체 뭐였을까? 내일 또 볼 수 있을까? 누구에게 물어봐야 하지?'

너무나 많은 생각들이 지나가고 있었다.

이 신비한 체험은 도대체 무엇이라 말한단 말인가?

그 두 줄기 빛은 뭐라고 표현해야 한단 말인가?

그 향기는 도대체 어떻게 표현해야 하는 향기란 말인가?

난 그날 밤의 신비한 체험을 하고 마지막 3일째 날을 두려움과 함께 그 신비한 빛이 다시 오기를 기대하며 평소보다 좋은 느낌으로 새벽기도를 나와 드리는 날이 되었다.

그리고 그날 오전.

형은 갑자기 나에게 자신의 집에 좀 다녀오라고 말하며 부탁해 왔다.

형의 아버지가 허리를 다쳐서 일을 못 하시니 가서 상황 좀 보고 도와줄 수 있으면 좀 도와주고 오라고 부탁을 해 왔다.

난 거부할 수 없었지만 마지막 부흥회 참석이 걱정돼 형에게 말했다.

하지만 형은 가서 상황을 보고 일찍 올라오라는 것이었다.

그러면서 어차피 부흥회 오전은 기도를 못 드리니 저녁에 드리라는 것이었다.

워낙 친한 사이였고 형은 목장 때문에 갈 수 없다는 것을 너무나 잘 알기에 당연히 내가 내려가야 한다고 생각했다.

나는 일찍 가서 상황을 보고 올라올 생각으로 이천 시골로 내려갔다.

그러나 이천 집의 상황은 생각보다 심각했다.

아버님의 다치신 허리 상태는 거동이 거의 어려운 상태에 있었고 급하게 처리할 일들도 여러 가지 쌓여 기다리고 있었다.

그 신비의 체험 부흥회 마지막 날을 참석할 수 없는 상황에 조금 아쉬웠지만 형 아버지를 돕는 것이 먼저라고 생각돼서 조금의 아쉬움만 가지며 지나쳐 버렸다.

그만큼 교회에 대한 나의 생각은 큰 의미 없이 단순한 것이었다.

하지만 그 체험이 있고 나서부터 교회에 대한 내 생각은 완전하게 달라지고 있었다.

그렇게 불시에 내려간 시골에서 두 달 반이나 있다가 서울로 올라올 줄은 전혀 생각 못 하고 내려온 길이었다.

지금 그 형님은 천호동 성결교회 시무장로 김승식 장로님으로 시무 중이시다.

III

광야

6.

예쁜 딸아이

1986년 6월 29일 지금의 아내를 처음 만났다.
바람 불면 꺾일 듯한 허리.
허리까지 내려오는 긴 생머리.
아기 사슴의 눈처럼 초롱한 눈망울.
곱고 순백한 얼굴, 오똑한 코.
막 피어오르는 꽃망울 같은 입술.
미소는 아침 햇살처럼 온화하고 밝고 따뜻했다.
모든 남자들의 관심이 다 쏠릴 만한 외모를 가지고 있었다.
"용기 있는 자만이 미인을 가질 수 있다."
난 용기를 냈다.
그럴 가치가 충분한 사람이라 생각했다.

나의 용기로 우리의 만남을 허락받고 우리는 교제를 시작했다.
평범한 교제였고 콩깍지가 단단히 끼어 있는 커플이 되었다.
난 검은 피부에 거친 야생마 같은 이미지의 사람이었고 아내는 가녀린 몸매의 요조숙녀의 모습을 보여 주는 아름다운 사람이었다.

　난 거칠면서 감성이 풍부했고 놀기를 좋아하는 한량이기도 했다.

　코믹스러운 행동이나 말재주가 좀 남다르게 발달해 있기도 했다.

　콩깍지였는지 아내도 그런 나를 좋아해 줬고 우리는 자주 만남을 가지며 더욱 가까워졌다.

　김제 금산사 절 밑에 토산품 가게가 고향인 아내가 부모님 일손을 돕기 위해 고향에 내려갔을 때 우리의 교제는 더 뜨거워졌다.

　아내가 서울에 올라와 데이트하고 내려갈 때면 나는 고향 김제까지 꼭 바래다주는 열정이 우리에게 있었다.

　마지막 차를 타고 다시 올라올 정도로 나는 아내에게 진심이었으며 우리는 좋은 사이가 되고 있었다.

　남자들은 대부분 그렇듯이 열심히 일해서 손에 물 한 방울 안 묻히며 살게 해 준다고 꼬드겨 완전한 내 사람을 만들려고 하듯이 나 역시 그랬다.

　그런 노력의 결과, 우리는 결혼에 앞서 동거를 먼저 시작했다.

　작은 지하방에서의 시작.

　음식 솜씨는 좀 그랬지만 그냥 먹어 줄 만했다.

　검소하고 과소비를 모르는 알뜰한 사람이라 참 감사했다.

　그렇게 우린 나름의 행복이 있었다.

　그러나 나에겐 한 가지 흠이 있었다.

　가정보다 일보다 친구와 선배가 먼저였다.

　그러니 자동적으로 친구와 선배들은 하루가 멀다 하고 집에 찾아왔고 그럴 때면 우리 사이에는 작은 다툼이 일어나곤 했다.

그런 다툼은 그 상황에서 너무나 당연한 것이었지만 좀처럼 바뀌지 않았다.

※

그러던 어느 날.
"나 임신했어."
큰 망치로 머리를 맞은 듯했다.
너무 뜻밖의 말에 나는 크게 당황할 수밖에 없었다.
내가 과연 아버지가 될 수 있는 걸까?
지금 이대로 나는 아버지가 되어 가정을 잘 이끌 수 있는 걸까?
연탄보일러 지하 단칸방에서 아이를 낳아 잘 키울 수 있는 것일까?
나는 아버지가 생각났다.
평생 집 밖에 나가서 외도의 삶을 사시다 집에 오시면 돈 빌려오라며 어머니를 괴롭히던 아버지가 떠올랐다.
사람들이 자주 말하던 "그 아버지의 그 아들"이라는 소리를 들으면 어쩌지?
내가 좋은 아빠가 될 수 있을까?
전혀 아빠가 될 수업이 안 된 채 아내의 임신 소식을 듣고 걱정으로 가득했다.

아내의 임신은 나의 생각과 생활 방식을 바꾸는 기회가 되어 주었다.

난 어떠한 일이 있어도 가장으로 집을 지키겠다고 결심하며 마음에 새기었다.

아이들이 자라며 아버지인 내가 쳐 놓은 울타리 안에서 안전하게 보호를 받으며 세상을 마음껏 알게 해 주겠다고 다짐을 했다.

사춘기를 맞을 때 아빠의 사랑과 보호 속에 마음껏 아파하고 마음껏 방황하게 해 주겠다고 결심했다.

나의 어린 시절을 내 아이들에게는 전혀 물려주고 싶지 않았다.

좋은 아빠가 되기로 마음먹고부터 일자리를 찾아다녔지만 나를 기다려 주는 일자리는 아무 데도 없었다.

열심히 일하고 싶었지만 일자리가 많이 없는 시대의 환경 탓에 안정을 찾기란 그리 쉽지 않았다.

아내를 처음 만날 때는 사람들을 10여 명 대동하고 일을 다니는 도급사장이었다.

비록 1년에 6-8개월간 하는 일이지만 일반 월급의 몇 배의 수익을 주는 꽤나 좋은 일을 하고 있었다.

지금은 그 일이 쇠퇴한 일이 되어 소멸되고 있었기에 아련한 그리움에 불과한 일이었다.

아내는 가끔 연애할 때 뭐든 사 준다고 할 때 다 받을 걸 그랬다고 말을 하곤 했다.

나는 배우지 못했고 특별한 기술도 없는 무능함이 고스란히 내 앞에 드러나 있었다.

20대 초에 잠시 잠깐씩 나가서 일하던 방수 일을 친구 따라 다시 시작해야 했다.

  그 일을 열심히 한 덕에 가정은 차츰 안정되어 갈 무렵 세상에서 가장 예쁜 딸아이가 태어나 주었다.

  유모차에 태우고 거리를 다니면 보는 모든 사람마다 다 만져 보며 간섭하는 정말 예쁜 딸아이로 인해 나는 열심히 할 수밖에 없었다.

  나는 아이의 아빠로서 충분한 자격을 갖추기 위해서도 더욱 최선을 다해 일하는 평범한 가장이 되어 가고 있었다.

*

  그 당시 아버지는 30분 거리쯤에 식당을 하며 살고 있었다.

  어려서 그렇게 매를 때리셨고 지금도 외도 중인데 그 아버지가 오라면 군말 없이 찾아가는 나였다.

  주변에서는 그런 아버지를 누가 보냐고들 말하고 있었다.

  그러나 내 속의 생각은 조금 달랐다.

  언젠가부터 아버지는 잘해도 못해도 나의 아버지란 것이 내 생각 안에 들어와 자리 잡고 있었다.

  어쩌면 어려서 매를 많이 맞으며 복종의 뿌리가 내 속에 꽉 차 있어서 그럴 수도 있지만 나는 아버지에게 그렇게 대하고 있었다.

  나도 가끔은 그런 생각을 하는 내가 조금 웃기다고 생각될 때도 있었다.

  그런 아버지를 아내는 좀 다르게 생각했지만 그래도 나 때문에 티를 안 내며 깍듯하게 대해 주는 착한 사람이었다.

보통 집들은 자식이 사고를 치고 아버지가 수습을 하는 것이 기본 가정의 틀이었다.

그런데 우리 집은 평생 밖에 나가서 사시며 아버지가 저지른 일들을 아들이 해결해 줄 거라고 집 주소와 전화번호까지 알려 주곤 하는 아버지였다.

그러던 어느 날 진짜 대형 사고가 우리 가정에 터져 버렸다.

아버지가 사업을 한다고 반 사기를 친 일이 발생한 것이었다.

그동안은 작은 일들로 내가 수습하기가 가능했지만 그 범위를 훌쩍 넘어 버린 일이 발생한 것이었다.

당시는 스탠드 카바레 유흥점이 한창 유행인 시기였다.

그 카바레 지배인에게 아버지는 사업 핑계로 천만 원을 빌린 것이었다.

천만 원을 빌려 쓸 때는 참 좋았는데 막상 갚아야 할 날이 다가오면서 아버지는 좀 비겁해졌다.

그 돈은 아들인 내가 다 갚아 준다고 말해 버리며 아들은 잘 살고 있다고 카바레 지배인에게 말하고 다녔다.

그 돈을 빌려준 카바레 지배인은 깡패 건달 출신이었다.

그가 지배인이라면 그 밑에 딸려 있는 식구들은 모두 평범하지 않은 사람들이 대다수였다.

그는 처음 나를 찾아와서 "니 아버지가 니놈이 다 갚아 준다고 했으니 좋게 말할 때 어떻게 갚을지 말해."라고 단호하게 말하며 나를 협박하고 있었다.

그는 분명 나에게 두렵고 무섭게 다그쳤지만 나는 전혀 답을 할 수가 없었다.

나는 전혀 모르는 일이었으니 아버지를 만나 보고 답을 주겠다고 하고는 아버지를 찾아가 만났다.

아버지는 언제나 그랬듯이 내 앞에서는 대수롭지 않게 말하며 자신이 다 해결할 거니까 아무 걱정 말라는 거였다.

나는 그 말을 그대로 지배인에게 사실대로 전달했다.

그리고 얼마 뒤 아버지는 백만 원짜리 자기앞수표를 두 장 주면서 천만 원 중 일부를 갚으라고 나에게 전해줬다.

나는 기쁜 마음으로 지배인을 찾아갔다.

지배인의 협박과 독촉을 조금 면할 수 있고 그 두려움에서 벗어날 수 있는 것이니 당연히 기뻤다.

"일단 이거 먼저 받으시고 기다려 주시면 곧 다 갚는다고 하십니다." 하고 당당하게 전달하고 집으로 돌아왔다.

그는 알았다며 빙긋 웃기까지 하며 또 기다린다고 하면서 우리는 헤어졌다.

그런데 그날 밤 하늘이 무너지는 사건이 다시 터져버렸다.

검은 승용차를 타고 깍두기 머리를 한 깡패 건달들이 집에 쳐들어와 나를 납치하듯 잡아서 강제로 차에 태워 버렸다.

이런걸 마른 하늘의 날벼락이라 하는 거 같았다.

꿈에서조차 생각하지 못했던 일 앞에 나는 속수무책으로 당할 수밖에 없었다.

그들에게 반항한다는 것은 꿈조차도 꿀 수 없는 거구의 체구들이 내 양팔을 잡자 나는 그냥 대롱대롱 매달린 듯 반항 한 번 못 하고 차에 감금되어 버린 것이었다.

태어난 지 몇 개월 된 딸아이를 들쳐 업고 두려움에 떨며 그들에게 매달리는 아내의 모습이 차창 밖으로 그대로 내다보였다.

그 지배인은 아내를 막으며 밀치고 있었다.

사람들이 창문을 열고 내려다보는 모습도 여기저기 보이고 있었다.

그런 와중에 아내는 공포와 두려움에 떨며 마치 종말을 맞이한 듯 완전히 무너진 모습은 너무나 가슴 아프고 가련한 일이었다.

그러나 나는 너무나 무기력하게 아무런 반응을 할 수 없는 채 차 안에 갇혀 있어야만 했다.

지금 이 장면은 마치 영화에서 일어날 법한 일이 내게 벌어진 것이었다.

그들은 아내의 그런 모습은 아랑곳하지 않은 채 나를 납치해서 카바레 술집 지하실로 끌고 내려갔다.

그리고 내게 쌍욕을 하며 툭툭 치며 말했다.

"네놈이 준 수표는 부도수표였다고. 이 XX…"

이게 웬 말인가? 부도수표라니?

아버지가 내게 주며 대신 갚으라던 수표가 부도난 수표였단 말인가?

하늘이 무너지며 실망감과 배신감이 몰려왔다.

설마 상황 회피를 위해 부도난 수표를 나에게 준 것이란 말인가?

아닐 거라고 부인했지만 끊이지 않고 그렇다는 생각이 몰려들어 왔다.

지배인은 아무 말 없이 나를 노려보고 있었다.

마치 죽일 듯이 바라보는 그 모습을 보며 난 모든 걸 체념해야 했다.

내 속에서 너무나 많은 생각들이 일어났지만 어떤 방법도 대안도 전혀 없었다.

나는 그때 가슴속에서 언젠가는 교회에 가서 예배드려야지 하며 생각하던 교회를 생각해 냈다.

그리고 안 해 본 기도였지만 교회 안 나간 지 10년이 지난 이 위기의 시점에서 하나님을 찾으며 기도해야만 했다.

"하나님 도와주세요. 살려 주세요."

그 공포의 시간은 너무나 길게 느껴지며 흘러갔다.

차라리 때리기라도 하면 더 좋을 거 같다는 생각을 하기도 했다.

그리고 얼마 후 낯익은 얼굴의 한 사람이 들어왔다.

인천 깡패 출신 탤런트가 들어와 내 앞에 섰다.

"얘가 니가 말하던 그 애니?"

"네 형님."

"때리지 마라. 갓 태어난 애도 있다며? 또 ○○이를 생각해라. 잘못 건드리면 너네 다 죽는다."

나를 옹호해 주는 그 말은 하나님의 소리 같았다.

분명 나에겐 천사의 말이었다.

탤런트가 "각서 받고 조금씩 갚으라고 그래." 하고 말했다.

지배인이 말했다.

"쟤네 집에 가 봤는데 당장 갚을 능력도 안 됩니다."

"생각 같아선 죽이고 싶은데 부인과 아이 때문에…"

하며 말꼬리를 흐리며 둘이 쳐다보고 있었다.

그 순간 나는 지옥에서 천국으로 마음이 이동하고 있었다.

그 순간에 숨이 목까지 차올라 숨 막혀 죽을 거 같았고 바로 오늘 밤 안에 죽을 수도 있다는 공포에서 벗어나는 순간이었다.

지배인은 내 머리를 툭툭 치며 머리채를 잡아 뒤로 젖히기도 하며 분을 참아 내고 있었다.

그리고 나를 때리는 듯이 허공을 향해 주먹을 여러 번 휘두르더니 한숨을 쉬며 돌아서서 악을 쓰듯 소리를 질렀다.

※

그는 다음 날 보자며 새벽에 나를 순순히 집으로 보내 주었다.

정말 극도의 공포에서 벗어나는 순간이었다.

집으로 오는 그 무더운 여름날 난 극도의 한기에 부르르 몸을 떨어야 했다.

몸의 떨림은 어금니마저 부딪칠 정도로 다다닥 하며 후들후들 떨려왔다.

모든 과정에 놀라며 극도의 공포 속에서 있어서인지 울컥울컥 구토가 올라와 구석 하수구에다 속에 있는 것을 다 쏟아 버렸다.

사람이 꼭 이렇게까지 하며 살아야 하는 건가?

내 인생, 내 삶은 도대체 무슨 팔자를 타고난 것이기에 이렇게 더럽단 말인가?

세상이 너무 싫어지고 있었다.

다시 아버지의 어린 시절 일들이 떠오르며 나는 지옥 구석에 떨어져 외톨이가 돼 버린 것 같았다.

집에 도착하자 아내는 무사한 나를 보자마자 바닥에 털썩 주저앉아 버렸다.
그리고 나를 부둥켜안고 하염없이 흐느껴 울기 시작했다.
아내의 공포가 그 울음 속에서 느껴져 전달되었다.
잠들어 있던 딸아이도 깨어 일어나 우리 세 식구는 함께 한참을 무서워서 서글퍼서 울고 또 울었다.
당시 지배인이 아내와 아이를 봐서 참아야죠 했지만 그들의 말대로 나를 잘못 건드리면 그들은 어쩌면 안전할 수 없을지도 몰랐다.
당시 이 지역의 최고의 주먹인 사람이 나의 사촌 형이었다.
사촌 형의 존재는 그 누구도 함부로 할 수 없는 지역 최고의 주먹이었다.
아버지는 그런 사촌 형을 지배인에게 팔며 돈을 빌렸을 것이라고 생각됐다.
그 지배인도 사촌 형의 얼굴을 봐서 아버지에게 돈을 빌려줬을 것이었다.
내가 저지른 일은 아니지만 그 사건은 나와 아내에겐 씻어지지 않는 큰 공포와 상처가 되어 버렸다.
그 뒤 지배인의 고소로 아버지는 경찰서에 구금됐고 아들인 내가 갚겠다는 합의서를 제출하면 고소를 취하하겠다는 것이었다.
나는 이러지도 저러지도 못 하는 갈림길에 서서 고심 끝에 합의서에 사인을 해야 했다.

   그 합의서 이후부터 나는 다달이 그 빚을 갚느라 고통 속에서 살아야 했다.

   몇 개월 갚아 나가다 하던 일이 끊어지며 다시 공포가 찾아왔다.

   합의서에 사인한 내가 대신 구속될 수 있다는 지배인의 말에 또다시 모든 곳이 공포의 절벽이 되어 있었다.

   아내는 나 모르게 그 지배인을 여러 번 찾아가 사정도 하고 부탁도 했지만 천만 원은 우리에게 너무나 크고 버거운 돈이었다.

   몇 달을 더 아버지 빚에 시달리며 뼛속 골수까지 말라 가고 있을 때 지배인이 찾아와 나에게 말했다.

   "너네 부부 때문에 오늘 이후로 이 일은 없던 일로 해 준다."

   하면서 합의서와 각서를 찢어 버리곤 훌훌 가 버렸다.

   그렇게 1년 가까이를 아버지 빚에 시달림을 받아야 했던 우리 부부는 이미 뼛속까지 고통이 스며든 뒤였다.

7.

경남 양산

 그 카바레 지배인 사건 이후 아버지를 찾는 일도 아버지가 나를 부르는 일도 없이 한동안 시간이 흘러갔다.
 그 일 이후 아내는 집 전화 받는 것에 두려움을 많이 가지고 있었다.
 그리고 그런 사이에 꽤나 좋은 대우의 일자리도 잡았고 천사같이 예쁜 둘째 딸아이도 태어났다.
 연탄보일러 지하 집에서 도시가스 지상 전셋집으로 이사도 하게 됐다.
 이사한 집은 지하에서 느낄 수 없던 쾌적함을 주며 단란한 가정의 행복도 느끼게 하기에 충분한 구조였다.

 나는 가족을 위해 일하는 걸 전혀 두려워하지 않았다.
 내가 일하는 곳에 일이 너무 바빠 낮에도 일하고 심야 11시에서 새벽 4시까지 지하철 하자보수 일도 하는 강행군을 해야 했다.
 그런 만큼 당연하게 가정은 경제적인 힘이 생기기 시작했다.
 또 예쁜 둘째 딸아이가 새 식구로 태어나 주었기에 더 열심히 하는 것은 나에게 당연한 일이었다.

나는 누구든 어디서든 아버지에 대해, 가장에 대해서 배운 적도 가르쳐 준 사람도 없었다.

단지 좋은 아빠, 좋은 가장, 좋은 남편이 되고 싶은 마음만 가슴에 품고 있었다.

담배를 하루 한 갑 피웠기에 아내는 한 달치를 사다 비치해 두었고 출퇴근 차비를 하루하루 받아서 출근하고 있었다.

그 작은 돈에서도 아껴 남겨서 퇴근길에 아이들과 아내가 좋아하는 것들을 사 들고 집에 들어가는 재미에 푹 빠져 있었다.

그 과자들을 받아 들며 기뻐하는 가족을 보는 것은 작지만 내가 느끼는 최고의 행복의 순간들이었다.

그 사이 이사도 한 번을 더 하게 됐다.

두 번 다 더 좋은 곳으로 집을 넓혀서 이사를 하게 됐다.

처음 만나 데이트할 때는 멋 부리느라 옷을 잘 사 입고는 했지만 우리 부부는 미래에 더 나은 삶을 위해 절약하고 또 아끼며 살았으며 그런 우리 부부의 사랑을 받으며 아이들도 정말 이쁘게 잘 자라 주고 있었다.

*

둘째 딸아이가 돌이 될 때쯤 하나의 일이 또 생겨 우리 부부에게 다가왔다.

충청도에 사는 사촌 형에게 아버지가 어디 있는지 아느냐는 전화가 걸려 왔다.

난 직감적으로 또 무슨 일이 발생했다고 생각하며 모른다고 잘라서 말했다.

사촌에게 전화 오기 얼마 전, 아버지에게 연락이 왔었던 적이 있었다.

다른 곳에 식당을 차렸다며 한번 오라는 것이었다.

나는 바쁘다는 핑계를 대며 찾아가지 않고 있었다.

그 이후 사촌은 내가 없을 때 아내에게 여러 번 전화를 걸어 아버지의 행방을 물었다며 걱정이 가득해져서 말하던 아내는 이내 눈물까지 흘리며 두려워하고 있었다.

그 불안을 나는 충분히 이해할 수 있었다.

지난 얼마간 짧지만 얼마나 행복했고 미래를 꿈꿀 수 있었던 시간이 또 무너질까 봐 아내는 두려워하는 것이었다.

그 마음을 잘 알지만 아직 벌어지지 않은 일에 너무 걱정 말라고 다독여야 했다.

그 사촌 형은 내가 어릴 때 단양 산골에 8개월간 가 있던 집의 사촌 형이었다.

사촌은 나와 아버지 사이에 그 카바레 일이 벌어졌던 것도 알고 있었다는 듯이 전화를 걸어왔다.

별다른 얘기 없이 아버지 소식만 물어 오는 사촌에게서 무슨 문제가 있다는 걸 당연하게 직감할 수 있었다.

나는 아버지에게 무슨 일 있냐고 전화로 물었다.

아무 일 없으니 걱정 말라며 아버지 있는 곳을 알려 주지 말라는 것이었다.

아무 일 없다며 알려 주지는 말라니 바보가 아니라면 그 사이에서 무슨 일이 있다고 생각할 것이었다.

그 후로도 여러 번 통화를 했고 그때마다 우리는 모른다고 말해야 했다.

그러던 어느 날.

퇴근해 보니 사촌 형이 사촌 매형들과 몇몇 사람들을 함께 대동하고 집에 찾아와 있는 것이었다.

아내는 이미 사색이 되어 안절부절못하고 있었고 금방이라도 울음을 터트릴 모습을 하며 좌불안석하고 있었다.

그런 아내를 진정시키려 걱정 말라 했지만 금방이라도 무너져 내릴 듯한 아내는 걱정으로 가득하여 무너지기 일보 직전이었다.

사촌 형이 찾아온 이유는 이랬다.

일하다 사고가 나서 보상받은 돈이 좀 있었는데 그 돈을 아버지가 식당을 한다고 빌려 갔다는 것이었다.

처음에는 이자를 꼬박꼬박 잘 주었는데 얼마 전부터 이자도 안 주고 연락도 안 된다는 것이었다.

그 얘기를 들으면서 참 난감했다.

그렇다고 아버지 있는 곳을 알려 주기도 안 알려 주기도 그랬다.

그렇게 시간차를 두고 사촌 형은 내가 없는 집에 찾아와 아버지 집을 알려 달라고 조르기 시작했다.

아버지에게 이 사실들을 다 말하고 해결책을 찾던 중, 아버지는 어디론가 자취를 감추어 버렸다.

아버지의 대책 없는 현실 앞에 슬펐지만 지금은 사촌 일을 빨리 해결하고 빠른 안정을 찾는 것이 나에겐 급선무였다.

아버지가 자취를 감춘 뒤 그 후 나는 사촌 형에게 좀 더 당당하게 모른다고 할 수 있었지만 사촌은 정말 끈질기게 찾아왔고 점점 그 상황은 험악해지고 있었다.

그 사이 아내는 전화기 코드를 빼 놓고 내가 출근하면 종일 집 밖을 떠돌다 내가 퇴근할 때에야 집에 들어오곤 했다.

어떤 말은 없었지만 아내에게 너무 미안해서 뭐라 할 말이 없었다.

그냥 이대로 가만히 두면 우리 가정은 행복하게 살 것인데 왜 이런 일들이 일어나 고통을 주는지 너무 답답했다.

피할 길이 전혀 보이지 않다는 것이 나를 더 힘들게 괴롭혀 왔다.

※

주말 오후 모처럼 내가 쉬는 날이었다.

5명 정도를 대동한 사촌이 집을 또 찾아왔다.

마치 오늘은 사생결단을 하겠다는 각오를 한 듯 비장함이 그들에게 엿보였다.

몇 시간을 험악한 소리로 언성을 높이며 우리 부부를 협박하듯 몰아쳐 왔다.

급기야 난 멱살을 잡혀 위협을 당했고 어린 딸들과 아내는 두려움에 울며 저항력을 완전하게 잃어 가고 있었다.

아버지와 사촌 사이에서 발생한 일을 왜 나에게 찾아와 이러냐고 대들기도 했지만 그들과 맞대응할 수는 없는 처지였다.

왜 자기들끼리 좋자고 해 놓고는 일이 잘못되고 나니까 나를 괴롭히냐고 따졌지만 전혀 소용이 없었다.

나는 순간 다 죽이고 싶은 나쁜 마음도 속에서 일어났다.

그러나 나의 사랑하는 가족들을 지키기 위해 나는 아무것도, 어떤 대응도 할 수 없었다.

길이 전혀 보이지 않는 칠흑 같은 어둠 속에 내동댕이쳐진 상태 같았다.

나는 그동안 잊고 있었던 하나님께 또 기도해야 했다.

"나는 지금 어떡하면 되는 거죠?"

나는 청년 시절 체험은 있었지만 기도에 대한 믿음은 전혀 없었다.

그러다 가끔 이런 상황이 오면 지나가듯이 기도하곤 하는 철저한 무신론자나 다름없었다.

그러니 당연하게 기도의 응답이 어떤지도 몰랐고, 어떻게 오며 어떻게 알 수 있는지는 더더욱 모르고 있었다.

그러니 "나는 지금 어떡하면 되죠?" 하고 기도했지만 그 대답은 모르는 게 당연한 상태였다.

사촌과 그들은 오후 4시쯤까지 나와 실갱이를 하며 괴롭히다 저녁 먹고 올 테니 답변을 준비해야 할 거라며 겁박까지 하며 마치 최후 통

첩처럼 말을 던져 놓고 우르르 나가 버렸다.

그들이 나가고 우리 부부는 잠시 말없이 시간을 흘려보냈다.

그리고 나는 대뜸 "우리 이사 가자." 하고 말했다.

내 갑작스런 한마디에 아내는 놀라며 나를 바라봤다.

"오늘 지금 당장 가자."

아내는 내 말에 다시 놀라며 "당장 6-7시면 올 사촌들은 어떻게 하고. 어디로 이사를 가?" 그 말은 당연한 말이었다.

"잠시만 있어."

나는 밖으로 나와 경남 양산의 여동생에게 전화를 걸었다.

그동안의 일들은 가끔 통화를 하며 이야기한 상태라 우리 사정은 잘 알고들 있었다.

"어 오빠."

"지금 사정이 이러니 지금 짐 싸서 양산으로 이사 갈 건데 괜찮겠어?" 라고 물었다.

"응 오빠 괜찮기는 한데, 그 사람들 오면 어쩌려고? 그리고 지금 당장 짐을 싸서 올 수는 있는 거야?"

"그래 할 수 있어. 해 보지 뭐. 지금 짐 싸서 바로 갈 거야."

"응 알았어 오빠."

"그래. 언니도 그렇고 애들도 그렇고 못 살겠어서 그래."

"알았어 오빠. 방 비워 둘게, 와."

나는 이삿짐 차를 급히 불렀다.

이삿짐 차는 다행히 주일 오후라 대기 상태인 차가 있었고 10분도 채 되지 않아 집 앞에 도착해 주었다.

　나는 전후 사정을 기사에게 간단하게 말하며 이삿짐을 차에 싣기 시작했다.

　한 집의 이삿짐을 그렇게 빨리 쌀 수 있는지 나도 그때서야 알 수 있었다.

　짐을 쌌다기보다는 그냥 둘둘 말아서 차에 실어 던졌다는 표현이 더 적절할 것이었다.

　세간들은 박스에 그냥 쓸어 넣었고 이불이나 옷가지들은 그냥 둘둘 말아 차에 실었다.

　불과 한 시간여의 과정 속에 이삿짐을 다 싸고 어디로 간다는 말도 없이 그렇게 훌쩍 떠나가 버려야만 했던 그 시간은 내 일생의 최악의 날이 되어 버렸다.

　옆집 사람들은 잘 살던 젊은 부부가 요즘 조금 시끄러운 소리가 나더니 도망치듯 짐을 싸는 모습을 보며 안쓰럽게 보고 있었다.

　나와 아내는 어떠했겠는가?

　그 쓸쓸함과 공허함, 절망감과 공포감은 이루 말할 수 없이 크게 다가왔다.

　빈집은 막내 처제에게 처리해 줄 것을 부탁하고 양산으로 야반도주를 시도한 것이었다.

　내 속에는 이미 피눈물이 흐르고 있었다.

　아내와 예쁜 딸아이들만 없었다면 난 그들과 싸움이라도 해서 못 오게 했을 것이지만 가족 때문에 그럴 수 없었다.

그러나 내가 그들에게 뭐든 일을 벌이기엔 가족들의 안전과 미래가 너무 불투명했기에 나는 야반도주를 선택해야 했다.

사촌은 식사 후 돌아와서 참 황당했을 일이었지만 우리 가족에겐 이 방법이 최선의 선택이었다.

나의 기도를 하나님은 들으신 것일까?

느닷없이 생각났고 사촌이 올까 봐 마음 졸이며 급박하게 싼 이삿짐을 싣고 양산으로 가고 있었다.

양산 가는 화물차 중간 좌석에 앉은 두 딸과 아내는 양산에 도착할 때까지 울고 또 울기만 했다.

양산으로 이사 가는 그 시간이 아내에게 너무나 미안해 미칠 지경이었다.

이제 겨우 행복을 알아 가고 있었는데 그 행복마저 졸지에 빼앗기게 됐고 급박하고 즉흥적인 이사를 결정해야만 했던 내가 너무 한심해서 견딜 수가 없었다.

새벽 2시쯤 양산 여동생 집에 도착해 그 야심한 밤에 2층집 담을 이용해 짐을 옮겨야 했다.

그렇게 갑작스럽게 야반도주로 이사를 왔는데 여동생과 매제는 아무 말 없이 잘 왔다고 위로해 주었다.

말없이 받아 준 그 마음이 얼마나 고맙던지 가슴에 담아 두고두고 꺼내며 감사하며 살 것이라 생각했다.

우리 가족은 그렇게 전혀 계획되지 않은 양산살이를 시작하게 됐다.

주말 오후에 서울에 살았는데 월요일 아침에 부산 양산에서 눈을 뜨니 전혀 실감 나지 않는 현실이 눈앞에 나타나 있었다.

아침에 일어나 말을 잃어버린 아내의 부은 눈을 보며 얼마나 안쓰러운지 내 가슴이 무너지며 저려 오고 있었다.

왜 내 인생은 이런 것인가?
나는 행복하면 안 되는 것인가?
아내는 이런 나를 만나 왜 이런 일을 당해야 하는 것인가?
나는 허공에 대고 혼잣말로 중얼거렸다.

8.
오징어

여동생도 세들어 사는 처지인데 우리 집 식구까지 받아 준 그 마음에 진심으로 감사한 마음이 들었다.

제부에게 더 미안하고 고맙고 참 감사한 마음은 더 크게 들었다.

그렇게 시작된 양산살이는 그리 녹록지만은 않았다.

가을이 되는 무렵에 바람은 왜 그리도 세차게 부는지 낯선 양산은 마음이 무너져 있어서 그런지 너무 스산한 느낌마저 들었다.

내 깊은 속마음은 이미 다 무너져 찬 서리가 내리고 있어서 그런지 살길이 참담하게 다가와 있었다.

내가 태어나 보니 한 집의 장남이었다.

내 선택권은 하나도 없이 태어난 나에게 아버지는 자신의 삶의 도구로 어머니와 우리 4남매를 사용했다.

그중에 장남인 나는 아버지에게 내가 잘못해서 맞을 때도 있었지만 그래도 정도가 심해도 너무 심하게 나에게 매질을 했다.

나를 낳아 놓고 보살펴 주지도 않았는데 아버지는 온갖 궂은일, 뒤

치다꺼리를 나에게 던져 버렸다.

아버지는 어려서 나를 화풀이 대상으로 삼았는지 죽도록 매질을 해댔다.

장성해서 살아가는 동안에도 너무나 가혹하게 아버지 짐을 나에게 던져 왔다.

또 한 번도 나에게 도움도 주지 않았으면서 아버지는 일만 벌어지면 나를 끌어다 방패막이 삼았고 주저 없이 나를 팔아 버렸다.

과연 정말 그럴 수 있었을까?

일반 상식으로는 아버지를 도저히 이해할 수 없는 것이었다.

그 이해할 수 없는 결과로 하루 사이에 서울에서 부산으로 야반도주해 와 있으며 삶의 터전이 마치 황무지 개척처럼 내 앞에 펼쳐져 있는 것이었다.

나에게 두 아이를 둔 가장의 무게는 그리 무겁지 않았다.

너무 행복했기에 더 잘 이끌어서 더 많이 사랑해 주고 더 행복한 가정을 만들고 싶었을 뿐이었다.

다른 욕심도 전혀 없었다.

다른 사람들처럼 평범한 가정을 이루고 그 테두리 안에서 아이들을 잘 양육하고 싶은 것, 그것 하나뿐이었다.

그러나 아버지가 주는 피해는 너무나 큰 고통이며 내가 감당하기 너무나 힘들고 너무 무거운 무게로 짓눌려 왔다.

지금이 너무 힘든데 힘들다고 표현할 데가 아무 데도 없는 것이 너무나 슬펐다.

어디다 나 지금 이런데요 나 좀 위로해 줄 사람 누구 없나요? 하고 마음에서 소리칠 때도 많았지만 그러나 입 밖으로는 내 마음을 전혀 표현할 수 없는 처지에 있었다.

전혀 상관없던 아내가 받아야 하는 고통을 생각하면 나는 속으로 아파하며 소리 죽여 울어야만 했다.

더구나 아내의 구석에서 흐느껴 우는 모습을 볼 때마다 그 모습은 나의 뼈 골수까지 아픔이 전해져 오는 듯했지만 뭐라 위로해 줄 말이 딱히 없었다.

아내도 나에게 말하지 않으려 애쓰고 있다는 것을 너무나 잘 알고 있었다.

그렇다. 지금 상황을 아내가 잘 견딘다면 오히려 더 이상했을 것이였다.

이미 여러 차례 이런 말도 안 되는 일들을 겪어야만 했던 아내에게 오히려 말없이 그 시간을 잘 보내 주길 기다려 주는 것이 낫다고 생각됐다.

*

90년대 초 전혀 모르는 도시 양산은 서울보다 양질의 일자리를 잡기가 정말 쉽지 않았다.

서울에서 내려와 두 달간 생활비로 쓰여지는 돈은 전세방을 해지한 돈으로 충당하고 있었기 때문에 하루빨리 일을 해야만 했다.

나는 마음이 조급해져 일에 유불리와 좋고 나쁨을 따질 형편이 전혀 못 되는 상황까지 내몰리기 시작했다.

   서울로 올라갈 때는 지금보다 더 좋은 상황으로 올라가야 하는데 상황은 전혀 좋아질 기미가 안 보였다.

   고기배를 타려고도 했었다.

   그러나 가족들의 만류로 그마저도 쉽지 않았다.

   나는 하루 담배 한 갑 이상을 피웠지만 술은 잘 못 먹었다.

   맥주 두 잔, 소주 두 잔 정도가 나의 주량이었다.

   하루는 동생들과 저녁에 모여 술을 한 잔 두 잔 하다 보니 내 주량을 이미 훌쩍 넘어가 취해 버렸다.

   술 탓에 나도 모르게 신세 한탄이 터져 나오며 고통을 토해내고 있었다.

   잘 참아내고 있었는데 술 탓인지 서러움이 솟구쳐 올라와 견딜 수가 없었다.

   술김에 아버지에게 전화를 걸었다.

   이미 이런 상황을 동생들에게 전해 들은 아버지였지만 아무 일도 없었다는 듯이 목소리가 들려왔다.

   "왜 이렇게 자식을 못살게 하세요. 도대체 저에게 뭘 해 준 게 있다고 이렇게 하세요?"

   그동안 쌓여 있던 응어리들이 따지듯 원망으로 쏟아져 나갔다.

   그리고 수화기를 들고 이내 울음이 터져 버렸다.

   몹시 난감해하며 나를 달래 보려는 아버지 목소리가 들렸지만 나는 전화를 끊어 버렸다.

아버지는 몇 번 전화를 걸어 오며 나하고 통화를 하려고 시도했지만 나는 전화를 더 이상 받지 않았다.
그렇게 술에 취해서 간밤 서러워 울었던 일들은 잠을 깨며 다 사라졌고 다시 일자리 찾기에 몰두해야만 했다.

2개월 정도를 일자리를 찾아다녔지만 작은 일자리조차 잡을 수 없어 나는 점점 초조해지고 있었다.
일자리를 빨리 구하지 않으면 전셋돈마저 생활비로 다 까먹을까 밤잠을 설치기까지 하고 있었다.
그렇게 노심초사하고 있을 때 "오징어 건조장을 한번 알아볼까?" 하고 여동생이 말했다.
"힘은 드는데 돈은 좀 벌 수 있어 오빠."
다른 방법도 없었고 대안도 없으니 알아보라고 말해야만 했다.
실은 동생 부부는 오징어 건조 일을 몇 년 전 조금 했던 경험이 있었다.
가끔 그 일에 대해 들었던 기억도 있었다.

그렇게 일을 알아본 지 얼마 지나지 않아 일자리가 잡혔다.
부산 기장군의 죽성이라는 작은 포구 어촌 마을 뒤편에 작은 오징어 건조 덕장이 하나 있었다.
동생 부부는 경험이 있어서 그랬는지 반겨 주었고 거기에 얹혀진 우리 부부는 탐탁해하지 않았다.
고마운 것은 동생 부부는 우리가 적응할 때까지 오징어 건조 일을 함께 해 주기로 했다.

　우리 부부에게 전혀 생소하고 낯선 환경의 오징어 일은 나에게도 살짝 두려움을 주는 일로 기다리고 있었다.

　공장장의 그 투박한 경상도 사투리와 거칠고 예리한 눈빛과 말은 우리 부부를 더 주눅 들게 하기에 충분했다.

　오징어 배를 가르는 손바닥만 한 칼을 갈아 보라는 미션부터 일이 시작됐다.

　좀 과장된 표현으로 떨어지는 머리카락도 잘릴 정도로 칼을 잘 갈아야 한다는 것이었다.

　보기엔 쉬워 보였는데 왜 그리도 안 되는지 뭐라고 말들은 안 했지만 나에게 눈총들이 많이 쏟아져 들어왔다.

　그렇게 오징어 덕장에서 오징어 건조 일을 시작하게 되었다.

　좀처럼 적응을 못 해 하루가 멀다고 울며 서울로 가자는 아내를 달래며 그 고통스럽고 힘든 타향살이에 적응해 나가기 시작했다.

　오징어 건조 일의 특성상 새벽 1시에 일어나야 했다.

　냉동 오징어를 바닷물에 녹이는 작업부터 긴 하루의 시작이었다.

　생물(당일 잡은 오징어)은 그냥 할당량으로 분배해서 할복 작업을 했다.

　오징어(할복) 배를 가르고 내장을 뜯어내고 다리의 중앙을 갈라 두 눈알을 빼면 일차 완성이었다.

　손가락 굵기의 대나무 꼬챙이에 머리와 몸 사이 부분에 20마리 한

축씩 끼워 쇠 파이프로 길게 이어진 덕장에 펼쳐 널어야 했다.

그 오징어들이 잘 마르도록 일정한 간격으로 펴 주고 다리에 얇은 대나무 조각을 잘라 잘 마르도록 끼워 주면 건조 준비가 마무리되는 것이었다.

그리고 아침식사를 할 수 있었다.

식사 후 덕장의 물기가 빠진 오징어들을 하늘을 향해 뒤집고 귀는 잘 마르도록 붙은 것을 떼어 주는 작업과 붙어 있는 다리도 일일이 떼어 주는 작업을 연이어 해야 했다.

이렇게 3일 과정을 오므렸다 폈다 하며 반 건조를 시켜 몇 시간 숙성 과정을 거쳐 마른 오징어 형상으로 모양을 만들어 내면 거의 완성되는 것이었다.

그리고 다시 덕장에 널어 적당한 건조의 과정 뒤 20마리 한 축으로 상품이 탄생했다.

너무나 힘든 일이었다.

새벽 1시에 시작해서 오후 4-5시, 늦으면 6-7시에 끝나는 그 일은 쳇바퀴 돌듯 반복되는 일이었다.

일을 하루 쉬려면 할복을 하루 쉬면 3일 뒤에 쉴 틈이 생기는 쳇바퀴 형식의 일이었다.

오갈 데 없거나 범죄를 저지른 사람들의 도피처로 또 인생 막장의 사람들이 와서 하는 일이라고들 말했다.

일을 직접 해 보니 막장 중의 막장일이었다.

나는 그때 허리가 온전하지 못했었다.

허리를 삐끗하거나 한번 빠지기라도 하는 날엔 그 일이 오롯이 아내의 몫으로 돌아가기에 나는 최대한 몸을 아끼며 일을 해야 했다.

※

그나마도 오징어 건조 일은 죽성 그 덕장에서 한 달 남짓 일하고 일감이 없어 그만둬야만 했다.
그리고 얼마 지나지 않아 다시 짐을 싸서 이사를 해야 했다.
이번에는 경남 진주 옆 삼천포로 오징어 건조 일을 하러 가야만 했다.
처가에서는 삼천포로 들어간다고 하니 장인어른이 큰 걱정을 하기도 했다.
그곳에서도 2개월 남짓 일하고 역시 일이 없어 다시 짐을 싸들어야 했다.
이번엔 다시 기장군의 동암이라는 작은 포구의 외곽에 오징어 덕장으로 이사하게 됐다.
주인은 여자 사장님이었고 남편은 중학교 교사인 부부는 인품을 갖춘 인격적인 사장 부부였다.
우리 부부는 그곳에서 오징어 건조 일의 달인이 되다시피 일을 하게 됐다.
4-5팀의 부부가 있었는데 그 부부 팀들 중에 우리 부부가 제일 일을 빨리 하는 팀이 되어 가기 시작했다.
하지만 여러 가지 후유증도 나타나고 있었다.
5살 된 큰 딸아이와 2살 된 아이들을 돌볼 시간적 여유도 전혀 없는 일이었다.

  작은 아이는 덕장을 기어다니며 덕장에 떨어진 오징어 다리를 주워 먹는 것을 아내가 목격하고는 아이를 끌어안고 서럽게 울기도 했다.

  유치원에서 돌아온 큰 딸아이를 따라다니며 놀고 있는 아이들 모습은 햇볕에 그을려 그 모습이 너무 초라해지고 있었다.

  처음에 서울에서 내려와서는 부산 아이들 중에 제일 세련되고 예뻤는데 어느덧 시골 촌티가 아이들에게 드리워져 있었다.

  아내는 그런 모습을 보면서도 자주 서럽게 울고 있었다.

  하루에 오징어 2,400-2,600마리의 배를 갈라 덕장에 널고 뒤집어 말려서 상품을 포장하면 일이 끝나는 시간은 오후 4-5시, 5-6시였다.

  늘 잠이 부족한 생활이다 보니 시간만 나면 우리는 잠을 자야만 그 피로를 덜 수 있었다.

  그런 생활 덕에 돈을 쓸 시간이 전혀 없는 덕분에 통장에 자연스레 저축되어 목돈으로 만들어지는 그것이 우리 부부에게 큰 위안이 되어 주고 있었다.

  너무 힘들어 서울 가고 싶다고 수없이 울며 애원하던 아내와 2년 꽉 채워 일하고 큰 딸아이 학교 서울 취학을 위해 올라가자고 약속했다.

  그 약속 이후 아내의 생각이 긍정으로 바뀌면서 하루 일 양을 더 늘렸지만 일은 더 빠르고 일찍 끝나 수월해져 있었다.

  아내에게 목표가 생기고부터 힘든 내색도 더 하지 않았고 우는 모습도 더는 보이지 않았다.

사람의 삶은 목표가 생기면 생각하기에 따라 모든 것이 변할 수 있다는 것을 아내를 보며 새삼 깨달아 알 수 있었다.

우리는 아이들을 지켜 주는 진돗개를 키우고 있었다.
여동생이 푸들과 진돗개를 바꾸어 얻어진 진돗개를 우리에게 주었다.
그 진돗개 이름은 히롱이라고 내가 지어 주었다.
무슨 의미가 있는 이름은 아니었다.
히롱이는 어린아이들이 깰까 봐 "짖지 마 날 새면 짖어." 했더니 사람이 지나가도 끙끙거리다 날이 새고서야 짖어 대는 참 영리한 진돗개였다.
삼천포에 가서 덩치가 곰만큼 큰 셰퍼드를 가랑이에 끼고 작은 새끼 다루듯 해서 그 주인 사장 부부의 속을 뒤집어 놓는 용감함도 있었다.

엄마가 될 시기가 돼서 좋은 종자의 수컷 진돗개에게 시집을 가더니 새끼 5마리를 낳아 우리에게 대식구를 만들어 주었다.
배꼽이, 못난이. 항구의 이름을 가진 2세들 중에 수캐 항구는 동암의 작은 항구의 이름으로 지어 주었다.
옆집 발발이 개를 유난히 미워하던 녀석은 운동하라고 풀어 주면 바닷가를 멀리 한 바퀴 뛰어 돌고는 바로 옆집으로 달려가 그 작은 개를 물어뜯어 댔다.
그 싸움을 말리느라 힘은 들었지만 항구 녀석은 우리 아이들과 잘 놀아 주며 든든한 보디가드 역할을 해 주는 중요한 식구였다.

이미 오랜 시간이 지났지만 어미 히롱이와 항구 녀석은 아직도 눈에 선하게 그려지며 나에게 그리움이 일어나 많이 보고 싶어지곤 한다.

아버지에게서 비롯된 부산살이는 오징어 건조 일로 인해 아내와 나는 손가락 관절이 손상된 채 마무리되었고 서울 올라갈 채비를 하면서 마감됐다.

지금 다시 하라면 절대 못 할 거 같은 그 힘들고 두려운 직업을 1년 11개월정도 하면서 인생에 참 쓴맛을 제대로 경험한 최고의 시간으로 남게 되었다.

그때 그 일 후 나는 세상의 어떤 일이 다가와도 다 할 수 있을 정도로 자신감도 얻어졌다.

그렇게 가족들이 기다리던, 특히 아내가 꿈에서도 그리던 서울로~

IV

부르심

9.
학부형

부산에서 2년 살며 오징어 건조 일을 하고 서울에 다시 왔지만 2년 공백은 전혀 낯설게 느껴지지 않았다.

부모님이 살고 계셨고 지인들 친구들이 있는 곳, 이곳은 내 고향이었다.

아내 역시 부산보다 물가도 싸고 서울이 살기 좋다고 너무 좋아했.

오징어 덕장 일을 하느라 손발 과다 사용으로 저리거나 쿡쿡 쑤시는 고통으로 우리 부부는 밤잠을 설치며 함께 고통을 겪고 있었다.

그 후유증은 모든 일상에서도 일부 불편함을 줄 때도 많았다.

그러나 서울 이사 후 만족하고 있는 현실은 그런 고통쯤은 이겨 내고도 남을 만큼 큰 만족을 주고 있었다.

부산에서 초대형 큰 태풍이 바로 집 앞 바다로 지나며 둑방을 금방이라도 넘을 듯 거대한 파도가 칠 때도 우리 부부는 육신의 피곤함으로 잠을 자야만 했다.

그 파도가 넘어오면 우리 가족은 무방비 상태로 바로 수장될 수밖

없었다.

　그런 위험함 속에서도 그 위험보다 우리 부부에게 더 큰 것은 잠이었다.

　새벽 1시 알람시계가 울어 깼을 때 큰 딸아이가 옷가지를 넣은 가방을 끌어안고 멀뚱멀뚱 바라보고 있었다.

　"너 뭐 하니?" 하고 아내가 물었다.

　"밖에 파도가 넘어오면 엄마 아빠 깨워서 피하려고 안 잤어요."

　6살 난 아이조차 무서웠던 거대 태풍 파도를 우리 부부는 신경 쓸 겨를도 없이 잠을 자고 일어났던 것이다.

　녀석을 끌어안은 아내는 기특하고 애틋하여 눈물을 흘렸다.

　오징어 덕장에 처음 오는 날 바닷가 갯바위에 넘어져 이마를 깨트렸던 큰 딸아이 일도, 엄마를 돕겠다고 동생 분유를 타다 다 쏟았던 일도 겪으며 꿋꿋하게 잘 견디며 동생을 잘 돌봐 줘서 너무 예쁘고 고마웠다.

　언니가 유치원에 가고 나면 덩그러니 혼자 남아 오징어 덕장 밑을 기어다니며 놀아야 했던 작은 딸아이도 너무 잘 견뎌 줘서 예쁘고 고마웠다.

　덕장 밑에 버려진 오징어 다리를 주워 먹으며 오염된 환경에서 두 살배기 작은 딸아이는 큰 잔병 없이 언니를 따라 잘 놀고 잘 견뎌 준 것이 너무나 대견했다.

　새해 첫날 해돋이를 보러 사람들이 북적이며 몰려와 오징어 덕장에 관심을 둘 때 일찍 잠에서 깬 딸아이를 끌어안고 그 시선들을 피해 안으로 숨어들던 아내의 모습이 떠올랐다.

우리 부부는 어찌 돼도 되지만 딸아이들만큼은 그 사람들에게 노출되어 아이들에 대해 어떤 생각과 말을 하는 것조차 싫었던 것이었다.

우리 부부는 그런 열악한 환경 속에서 꿋꿋하게 2년을 견뎌 내고 목표한 대로 시간을 다 채우고 이루어 서울로 올라왔다.
그렇게 아내와 아이들에게 찾아온 이 평안은 세상을 다 준다 해도 바꿀 수 없는 너무나 소중한 우리 가족의 행복이었다.

※

큰 딸아이가 입학을 했다.
부산 처음 내려가서는 뭘 입혀도 서울 티가 나더니 2년 지나 서울에 와서는 아무리 잘 입혀도 시골 촌딱 티가 나고 있었다.
큰 딸아이는 초등학교에 입학했고 작은 딸아이는 어린이집을 다니게 됐다.
우리 부부는 아이들 학업을 위해시기에 맞춰 돌아와 서울에서 학부형이 된 것이었다.
아이가 있는 부모라면 누구나 다 겪는 일이었지만 우리 가족에겐 좀 더 남다른 의미가 있다고 말하고 싶었다.
그 모진 풍파를 다 헤쳐 나와 당당하게 다시 돌아온 것이기에 우리 부부는 서로를 격려하며 칭찬하는 것을 아끼지 않았다.
고통의 야반도주에서 금의환향하여 상경한 것이니 이런 정도의 행복은 누릴 자격이 충분하다고 생각했다.

여느 가정집처럼 학교 등교를 위해 아내는 준비물을 준비하느라 늘 바삐 움직이고 있었다.

등굣길에 아이의 한 손을 꼬옥 잡고 학교 가는 것을 아내는 무척 좋아했고 행복해했다.

나는 그 모습을 보며 열심히 일해서 꼭 행복하고 좋은 명문 가정과 가문을 이루겠다고 결심했다.

그리고 나는 아이들의 든든한 아빠로서 울타리를 치고 아이들이 그 안에서 마음껏 꿈을 꾸고 꿈을 펼치며 살게 해 주겠다고 다짐에 또 다짐을 했다.

※

나는 얼마 지나지 않아 장돌뱅이 옷장사를 시작했다.

서툴고 초라한 좌판 장사였다.

도매 시장에서 물건을 떼어다 시장이나 장날에 다니며 판매를 하는, 자신감이 다 떨어지고 경험도 없는 상태에 시작한 장사는 잘될 리가 만무했다.

그러던 중 장사를 잘하는 강용진이라는 사람을 만나게 되었다.

나는 그에게 도움을 요청했고 그는 흔쾌히 도와주겠다고 하며 헌신적으로 나를 도와주기 시작했다.

그 뒤 우리 가족과 강용진 그의 가족은 형제처럼 급속도로 가까워졌다.

서로의 가정에 좋은 것은 뭐든 나누었고 두 집 반찬은 거의 똑같을 정도로 한가족처럼 잘 통하는 막역한 사이가 되었다.

그 당시 강용진 그는 가까운 교회를 다니고 있었고 교회 얘기를 가끔 나에게 들려주는 편이었다.

그는 교회를 다니기 시작한 지 얼마 안 된다며 나에게 교회 한번 가자고 전도를 하기 시작했다.

난 그와의 만남 이후 청년 때의 그 신비한 체험이 생생하게 떠오르고 있었다.

그리고 그사이 크고 작은 일들 속에 기도했던 일들도 떠올랐다.

위급할 때 무의식중에 했던 기도마저도 들으시며 길을 인도한 그 하나님이 생각나게 하고 있었다.

그런 모든 것들 때문인지 가끔씩 교회가 너무 가고 싶을 때도 있었다.

교회들을 지날 때면 창밖으로 흘러나오는 찬양 소리에 가슴이 뭉클해져 그 자리에 멈춰서서 찬양이 끝날 때까지 들을 때도 있었다.

그때 찬양은 천상에서 울리는 어머니 품 같은 소리로 따듯하게 들려왔다.

마치 오랜 그리움 끝에 찾아온 고향의 소리가 적절한 표현이었다.

한번 택하시면 내가 잘하든 못하든 그런 것은 상관없이 성경의 약속대로 행하시는 신실하신 하나님께 경배와 찬양으로 예배드리고 싶었다.

하나님은 두 줄기 푸른 빛 체험을 통해 내 마음속에 이미 고향처럼 자리 잡았고 잊지 않고 그때를 늘 기억하게 하셨다.

그리고 그때부터 나를 부르시는 부르심을 시작한 것이 분명했다.

이제 나는 그 부르심에 그냥 나를 내어놓고 하나님을 따라가 보고 싶었다.

＊

  강용진 그를 통해 교회에 대한 마음이 다시 불붙듯이 일어나게 되었다.
  그러나 막상 교회를 따라 나가려 하면 바로 무슨 일이든 발생해서 약속을 어기기를 여러 번 하게 되었다.
  내게 도움을 많이 준 강용진 그와 생맥주를 마시던 여름날 그는 나에게 다시 교회 가자고 강한 어조로 말을 건네왔다.
  "이번 주 교회 한번 가시죠?"
  나는 망설임도 없이 "그러죠 뭐" 하고 생맥주 건배의 잔을 마주치며 약속을 했다.
  왠지 더는 약속을 어기는 건 그에게 도리가 아니라는 생각이 들어서 흔쾌히 약속을 해 주었다.
  교회 가기 전날 아내에게 내일 강용진 그와 교회에 갈 거라며 의향을 물었지만 아내는 단호하게 거절해 버렸다.
  그도 그럴 것이 아내는 전북 김재 금산사 절 밑에 토목점 상회의 셋째딸로 평생 절을 바라보며 절에 오는 사람들을 상대하며 살았으니 충분하게 거절할 수 있었다.
  교회 가는 건 말하지 않을 테니 자신에게는 교회 가자고 하지 말라며 단호하게 쐐기를 박듯 다짐으로 말하고 있었다.
  사실 아내는 이렇게 싸낙배기가 아니었다.
  순진하고 순박했던 사람인데 부산에서 2년 살고 와서부터 사람이 많이 달라져 버렸다.

누구든 딸아이들을 건드리면 쿵쾅쿵쾅 달려가 사납게 달려들어 다 해결하곤 하는 억척을 보이고 있었다.

그도 그럴 것이 나를 만나서 얼마나 많은 고난과 고통과 고생을 했었던가?

변하지 않으면 오히려 이상한 거 아니던가?

그런 아내와 교회로 논쟁할 필요를 전혀 느끼지 못했다.

※

그렇게 1996년 집 근처 동선교회에 나는 등록하고 다시 다니기 시작했다.

지하에 본당이 있는 빨간 벽돌의 교회였다.

수없이 지나다니며 봐 왔던 교회지만 안으로 들어가 예배를 드리는 것은 처음이라 그런지 조금 낯설었다.

너무 오랜만에 예배를 드려서 그럴까?

예배드리는 동안 별다른 느낌 없이 첫 예배를 드렸다.

그 첫 예배에서 아무 감정을 못 받았지만 목사님과 교인들의 극진한 환대는 나를 몸 둘 곳이 없도록 만들어 버렸다.

지나친 칭찬, 지나친 관심. 지나친 환대는 집으로 돌아와서도 좋은 감정을 갖기에 충분했다.

그 후로 나는 한 달에 한두 번 나갔지만 목사님과 교인들은 나에게 극진한 대우를 변함없이 해 주고 있었다.

그리고 강용진 말고도 또 한 사람 심준보라는 사람도 많은 성도들

중에서 나에게 더 따듯하게 대해 주고 있었다.

　나보다 조금 일찍 등록했지만 심준보 그는 이미 믿음을 가진 사람이었음을 알 수 있었다.

　좋은 성격의 강용진과 심준보 그와도 우리는 한 가족처럼 왕래하며 급속도로 친해져 갔다.

　우리는 서로의 집들을 오가며 음식들을 나누었고 가정의 대소사를 공유하며 돈독한 사이가 되어 가고 있었다.

　그렇게 별 느낌 없이 그냥 교인들의 극진 환대에 그래 오늘도 한 번 더 나가 주자하며 마치 선심 쓰듯 은혜 없는 교인으로 1년 정도가 흘러갔다.

　물론 예배 중에 말씀과 찬양에 은혜 받는 날도 있었지만 나를 확 이끌 만한 동기는 아직 일어나지 않고 있었다.

　그런데 참 특이한 건 강용진과 심준보였다.

　주일 오전 예배가 끝나면 우리 집에 찾아와 바둑을 두며 오후 5시 예배에 나를 데려가려고 무진 애를 쓰는 것이었다.

　나는 당연한 듯 그 상황을 모면하여 피하려고 갖은 잔머리를 다 써 가며 핑계를 대고 있었다.

　그러다 가끔씩은 마지못해 또 한 번 나가고 하며 예배에 참석하곤 했다.

　그냥 평 교인으로 나는 만족하고 있는 중이었다.

10.
나에게 아버지가 되어 주신 하나님

다음 해 강용진과 심준보 두 사람은 교회에서 서리집사 직분을 받았다.

그리고 주일 오후 강 집사와 심 집사는 어김없이 우리 집에 와서 바둑을 두며 간식을 나누고 있었다.

우리 셋의 바둑 실력은 거의 비슷해서 그날 컨디션 여하에 따라 승률이 달라지곤 했다.

더 정확하게 말하자면 두 집사님들은 승부와는 상관없이 나를 교회에 데려가기 위해 시간 때우기가 더 정확한 표현이었다.

아내는 그런 우리에게 전을 부쳐 주었고 여러 간식들을 만들어다 주었다.

그만큼 우리 세 가정은 아내들과 아이들도 친분을 가지고 있었다.

오후 예배 시간이 다가오면 바둑을 마치고 교회를 함께 가기도 했고 나는 핑계를 대고 예배를 빠지는 날도 많았다.

강 집사와 심 집사는 오늘도 어김없이 교회 가자고 나를 설득하기 시작했다.

어떤 날은 그래 한번 나가 주자하며 또 선심 쓰는 날도 있었지만 오늘은 한 생각이 떠올라 깊이 생각하기 시작했다.

집에서 걸어 5분 거리의 교회를 가면서 좌우에서 나를 호위하듯 강 집사와 심 집사와 함께 교회로 향하고 있었다.

도대체 나보다 3살씩이나 어리고 사는 형편도 나와 비슷한 처지인데 이 두 사람들은 어떤 하나님을 어떻게 만났길래 나한테 매주 이렇게 찾아와 헌신할 수 있단 말인가?

나는 반 발짝 뒤에 물러나 걸으며 두 사람의 어깨를 바라보았다.

무엇이 이 두 사람을 이렇듯 교회 안 가려고 뺀질거리는 나를 위해 금쪽같은 시간을 쓰며 이렇게들 한단 말인가?

나는 깊은 생각에 빠져들어 버렸다.

그냥 놀러 와서 놀다 가는 건 충분하게 이해할 수 있는 일이었지만 나를 교회 예배에 참석시키려고 이러는 건 도저히 이해할 수 없는 일이었다.

나는 청년 때에 신비한 체험은 했지만 그게 나의 전부였다.

3일째 되는 날 부흥회를 참석했다면 뭔지 결론이 있었을 텐데 그냥 백지상태, 그게 다였다.

그만큼 청년 때 그 현상과 지금의 상황을 어떤 연계를 지을 만한 무언가가 전혀 없었다.

하나님이 어떤 존재이시기에 이 멀쩡한 두 사람이 나를 교회 예배에 데려가기 위해 이렇게들 노력을 한다는 말인가?

하나님은 정말 현재 존재하고 있단 말인가?

있다면 어떻게 생겼고 어떤 존재며 나 같은 놈도 만나 준단 말인가?

난 그날부터 강 집사와 심 집사로 인해 큰 의구심과 큰 고민에 빠져 버렸다.

두 사람이 만나 체험했다는 그 하나님이 정말 궁금해지기 시작했던 것이다.

※

그 당시 나는 건축 일, 방수 일을 시작하고 있었다.

부산에서 서울로 올라와 옷장사를 한답시고 벌어온 돈을 까먹고 할 수 없이 내가 잘하는 방수 일을 다시 시작한 것이었다.

방수 일은 청년 때 친구 때문에 하게 됐고 그 친구에게 배워서 잘하는 기술자가 되어 있었다.

나의 성격은 무슨 일을 하면 대충 하는 일은 거의 없었다.

그렇다고 특별한 기술을 보유한 건 아니지만 어떤 일이든 그 일을 시작하면 꼭 1등을 해야만 직성이 풀리는 승부욕 끝판왕이었기 때문에 일을 많이 한다는 것이었다.

하다못해 내가 키우는 닭이라도 밖에 나가서 싸움에 지고 오면 그 닭을 몰아세우는 못 말리는 승부욕의 소유자였다.

방수 일을 하면서도 그 승부욕과 급한 성격은 그대로 나타났다.

몸을 아끼지 않는 성격이라 일하는 중에는 다른 사람의 배 이상을 일하는 성격이다 보니 일을 마치고 나면 몸이 거의 녹초가 되어 집으로 돌아오기 일쑤였다.

더구나 더블캡 화물차를 한 대 구입해서 새벽 5시 30분이면 함께 일하는 사람들을 태우고 출퇴근도 시켜 주고 있었다.

그런 상태에서 교회를 착실히 다닌다는 건 나에게 절대 무리라고 생각했다.

강 집사와 심 집사처럼 하나님을 깊이 만난 것도 아닌 상태에서 교회에 집착할 수는 없었다.

더구나 그때는 교회에는 깊이 빠지고 싶지도 않다는 마음이 자리 잡고 있었다.

그러나 강 집사와 심 집사가 만난 그 하나님을 생각하면서부터 시간이 가면 갈수록 교회와 일 사이에서 심한 갈등이 일어났고 고민은 점점 깊어져 갔다.

그러는 중 주일 예배 중에 난 잘 못하고 서투른 기도지만 떠듬떠듬 기도하게 되었다.

"하나님 정말 살아 계신 건가요? 어떻게 하면 만날 수 있는 건가요?"

기도하면서도 나는 내 기도를 가볍게 생각했고 왜 그런 기도를 하는지 좀 의아해하며 정말 대수롭지 않게 지나갔다.

그냥 스쳐 지나가는 말처럼 했기 때문이었다.

*

주일, 그날 오후도 어김없이 강 집사와 심 집사는 우리 집을 찾아왔다.

난 그들에게 물었다.

"하나님이 정말 있나요?"

내가 묻자 둘은 앞다투어 서로 말하려는 듯 "그럼요. 있고 말고요." 했다.

"그럼 어떻게 하면 만나서 자세하게 알 수 있는 겁니까?"

"하나님을 만나려면 예배를 다 참석해서 예배에 은혜를 받으면 자연스럽게 알 수 있고 하나님이 친히 만나 주십니다."

난 그 말을 들으며 다시 깊은 고민에 빠져 버렸다.

과연 그렇게 한다고 하나님을 만날 수 있을까? 하는 작은 의심도 있었다.

그때 교회 예배는 주일에 오전 오후 2번, 수요예배 1번 금요철야 1번, 새벽예배는 주일 아침까지 7번이 있었다.

그 예배를 모두 다 참석하면 일주일에 총 11번의 예배를 드려야 하는 것이었다.

나의 지금 형편으로는 도저히 시간을 만들 수 없는 불가능한 일이었다.

직업의 특성상 새벽 일찍 출근하는 나는 새벽 시간을 만들어서 새벽예배를 드린다는 건 결코 쉬운 일이 아닌 것이었다.

나의 사정을 들은 강 집사와 심 집사는 주어진 형편대로 최선을 다해 예배드리면 된다고 말했지만 내 생각은 달랐다.

시작하게 되면 완전하게 다 하는 거고 못 하면 안 하는게 낫다고 생각됐다.

할 거라면 일을 그만두는 한이 있더라도 끝까지 해야 한다는 생각이 꼬리에 꼬리를 물었다.

※

그렇게 크게 갈등하며 고민하던 끝에 나는 결심을 해 버렸다.
그리고 나는 현장 팀장에게 바로 출근 시간에 좀 늦는다고 양해를 구했다.
팀장은 나의 아침 늦는 출근 시간을 흔쾌히 허락해 주었다.
그리고는 작정하는 시간을 얼마를 정할까 고민하기 시작했다.
2달 아니면 3달은 해야 한다고 혼자 생각하다 왠지 3달은 좀 짧을 거 같다는 생각이 들었다.
그래서 나는 4개월 동안 모든 예배에 다 참석해 보고 하나님이 만나 주거나 나에게 뭐든 특별한 일이 발생하면 교회는 계속 다닐 것이고 아무 일도 없으면 그만두면 된다는 마음으로 1주일에 11번의 예배를 다 드리기로 결심하며 하나님께 작정을 선포해 버렸다.
"1주일에 11번 예배를 4개월 동안 드릴 건데 살아 계신 것을 알려 주시든지 만나 주시든지 해 주세요. 그래야 제가 교회를 계속 다닐 겁니다. 만일 아무 일도 없다면 나는 교회 안 다닐 겁니다."
하고 혼자만의 기도로 하나님을 협박하듯 말해 버렸다.
그리고 그해 3월 1일 4개월의 작정예배의 대장정을 시작한 것이었다.

나는 불과 작정 며칠 지나지 않아 4개월 하겠다고 한 것을 후회하기 시작했다.
새벽에 4시 30분에 일어나 씻고 교회에서 새벽예배 마치고 출근하면 7시 좀 넘어 빠듯하게 현장에 도착할 수 있었다.

하루 종일 일하고 작정예배와 기도는 하루 이틀 지나면서 벌써 피곤이 몰려오기 시작했다.

급기야 작정 시작 초입부터 '그만둘까? 이런다고 하나님을 만날 수 있을까? 만일 다 했을 때 진짜 하나님이 없으면 헛수고일 텐데 그만둘까?'

내 속에서는 이런 갈등으로 매일 매 시간 싸움이 갈수록 정도가 세졌다.

그런 중에 주차 문제까지 나에게 큰 걱정과 걸림돌로 생겨났다.

주차하기가 좀 어려운 집에 살다 보니 퇴근 후 주차 자리를 찾기 위해 동네를 한 바퀴 돌다 간신히 빈자리를 찾아 주차하곤 했었는데 작정 후 몸이 피곤하다 보니 주차 문제는 가장 큰 걸림돌로 등장한 것이었다.

어떤 날은 한 시간을 돌아도 주차를 못 할 때도 있었으며 그런 날은 당장 작정을 때려치우고 그만두고 싶어졌다.

이렇게 힘겹게 살얼음판을 걷듯 모든 예배를 다 참석한 지 일주일쯤 되던 수요일 저녁이었다.

교회 입구 전봇대 앞에 우연히 주차를 하게 됐다.

퇴근이 좀 늦어 집에는 못 가고 7시 30분 수요예배를 드리려는 것이었다.

예배 중에 난 또 혼잣말로 중얼거리듯 기도했다.

"하나님 저 힘들어요. 방금 주차한 곳에 내일부터 계속 주차하게 해주시면 안 되나요?"

진짜 지나가는 말로 영혼 없는 넋두리 반 투정 반 섞인 기도였다.

수요예배 후 교회 앞에 주차해 두고 5분 거리 집으로 걸어갔다.

다음날 새벽예배를 드리고 교회 입구에 주차했던 내 차로 출근하니 참 좋았다.

왜 마음이 그렇게 편하고 좋았는지 모르지만 그날은 좋은 기분으로 하루를 보냈다.

*

그날도 종일 힘들게 일하고 퇴근길에 교회를 먼저 들러 보기로 했다.

반신반의하며 기도했지만 은근한 기대도 한구석에 올라와 있었다.

그냥 지나가듯 중얼거린 기도인데 설마 자리가 있겠어?

하며 도착한 교회 옆 그 주차 자리가 비어 있으며 나를 기다리는 듯 느껴졌다.

가슴이 작게 두근거렸지만 그 주차 자리는 우연일 거야 그럼 우연이지 하며 주차하고 집으로 향했다.

그래도 감사는 하고 싶었다. "하나님 감사합니다." 나는 조금 정중하게 기도하며 감사를 표시했다.

그런데 다음날도 그다음 날도 또 그다음 날도 그 자리는 텅 비어서 마치 내 전용 주차 자리로 잡아 놓은 것처럼 매일 내가 주차하고 있었다.

작정 1주일이 지나서부터 벌써 한 달 가까이 그 자리에 주차를 하면서 나에게는 조금씩 하나님에 대한 신뢰가 쌓여 가기 시작했다.

한 달쯤 되었을 때 퇴근해 보니 그날은 다른 차가 그 자리에 주차되어 있었다.

나는 좀 서운한 마음으로 "이제 다른 사람 준 겁니까?" 하며 동네를 다시 돌아다녔지만 주차 자리는 잡지 못한 채 교회로 다시 돌아와야 했다.

그때 나는 내 눈을 의심하게 됐다.

부릉부릉 그 주차 자리에 주차해 있던 승용차가 시동을 걸더니 그 자리에서 빠져나가고 있었다.

나는 그 신비함에 머리끝이 일어서는 전율이 느껴졌다.

그리고 가볍게 말하고 생각하는 내 입 내 생각을 하나님 앞에 잘못했다고 회개하기도 했다.

40일 동안 그 한 자리에 매일 주차한 후 구청에서 관리하는 길거리 주차장이 당첨되어 나는 그곳에 주차하기 시작하며 주차장 체험은 마무리되었다.

하도 신기한 일이라서 박현범(은퇴 장로님) 안수집사님에게 이런 일들이 있었다고 말하며 물었다.

집사님은 "하나님께서 성도님을 사랑하셔서 잘한다고 또 잘하라고 칭찬하시며 그 자리를 주신 것입니다."라고 말하셨다.

그 말이 이해가 잘 안 됐지만 기분 좋게 하는 위로의 말로 들려왔다.

*

작정 중에 담임목사님(원로) 설교 중에 기도만 하고 성경을 안 읽으면 믿음의 밸런스가 안 맞는다고 말하는 것이었다.

왜 설교 중에 그 말씀이 내 귀에 쏙 들어오고 가슴에 들어와 콱 박혔는지 나는 숙제 하나를 더 받아 들었다.

하루 종일 일하고 퇴근해서 씻고 저녁밥 먹으면 거의 밤 9시가 될 때가 많았다.

밥 먹고 그 자리에 바로 누워 잠들어 버릴 때도 대다수였지만 머릿속에 박힌 "말씀 읽어라"를 실천해야만 한다는 생각에 나는 다시 성경책을 펴 들었다.

나에게 성경을 읽는 것은 불가능한 일이 분명했는데 시작한 것이었다.

그 불가능을 가능으로 바꾸는 건 전적으로 내 의지가 아니었다.

나에게 없었던 의지를 '할 수 있다'로 바꾸고 있는 그 힘에 의해 나는 성경책을 펴고 전혀 이해 못 하면서 그냥 읽어 나가기 시작했다.

꾸벅꾸벅 졸기도 했다. 아예 성경책을 들고 방 벽에 기대 잠들기도 했었다.

그렇게 억지로 성경을 읽고 또 읽었다.

한번은 너무 졸려서 나무 젓가락을 벌려서 눈꺼풀을 들어 올리며 성경을 읽고 있자 아내가 왜 무섭게 그렇게까지 하냐고 걱정하기도 했었다.

그렇게 나는 하나님을 만나기 위해 정말 처절하고 필사적으로 몸부림을 치고 있었다.

※

그렇게 4개월이 가까워 오면서 모든 예배를 드리는 습관은 어느 정도 자리 잡혀 가고 있었다.

하지만 하나님의 어떤 징조는 내 몸에 어떤 특이 사항으로 나타나 주지 않았고 여전히 평범한 일상이었다.

3월달에 시작한 작정 예배는 이미 무더운 여름날이 되어 가고 있었지만 그 긴 날 동안 처음 그대로였다.

그날도 어김없이 금요일 금요 철야예배에 참석해 예배를 드리고 있었다.

부흥 강사님의 인도하는 예배였는데 이날은 뭔가 좀 다른 예배라고 느껴지고 있었다.

오늘따라 설교 내용이 너무 좋았을 뿐 아니라 설교 내용의 한 구절 한 구절 다 이해되고 있었다.

오늘 설교는 마치 나를 위한 말씀인 것처럼 들리며 마음 깊은 곳에서 알 수 없는 감동이 솟아오르고 있었다.

나도 모르는 사이 한마디 한마디 설교마다 "아멘 아멘" 소리가 입밖으로 튀어나와 나 자신조차 깜짝 놀라며 입을 틀어막기도 했다.

"오늘 왜 이러지? 내 몸이 왜 이러지?"

몸은 마치 공중에 떠 있는 듯 가볍고 뭔가 모를 기운이 내 안에 들어온 듯 바람인 듯 아닌 듯 생전 처음 느끼는 감정이 만들어지고 있었다.

시간이 지날수록 설교 말씀은 더 크게 더 확실하게 내 가슴 깊숙한 곳으로 날아 들어와 박혀 왔다.

어느 사이인가 세상에서는 한 번도 경험하지 못했던 감당하기 힘겨운 큰 감동이 내 온몸과 마음에 가득 차 들어오기 시작했다.

그러다 어느 순간 눈물이 솟구쳐 올라오기 시작했다.

충북 단양의 산골에서 무서워 울고 가족이 그리워 울던 그런 울음의 눈물과는 비교 자체가 안 되는 불가항력적 눈물이 쏟아져 나오고 있었다.

어느 사이인가 콧물도 코에 두 줄이 덜렁덜렁 매달려 나오고 있었다.

그러더니 다짜고짜 내 의지와는 상관없이 잘못했다고 용서를 빌고 있었다.

그동안 못되게 굴며 욕이란 욕은 다 하고 다녔던 일들과 지난 모든 일들이 다 떠올라 소리 지르며 잘못했다고 빌고 있었다.

나는 내가 그렇게 잘못한 일들이 많은 줄을 그때서야 알게 되었다.

얼마나 시간이 지났을까?

살짝 눈을 떠 보았다. 교회에는 기도하는 사람이 몇 사람 남았고 몇 명 없었다.

내가 앉은 자리에 성경책과 의자는 눈물 콧물로 이미 범벅이 되어 있었다.

휴지를 가져다 닦고 늦은 밤 집으로 돌아와 좀처럼 잠을 이루지 못했다.

그리고 또 눈물이 쉼 없이 흐르기 시작했다.

그날 새벽은 좀 더 일찍 일어나 새벽예배에 도착했다.

요 1:12
영접하는 자 곧 그 이름을 믿는 자들에게는 하나님의 자녀가 되는 권세를 주셨으니

주일 설교에 이 말씀이 떠올라 기도가 너무 하고 싶어서 일찍 나온 것이었다.

나는 작정했던 4개월 동안 꾸준하게 기도하던 내용이었다.

"하나님 저는 아버지의 사랑이 뭔지 잘 모르며 살았습니다. 나의 아버지는 제게 늘 무서운 존재였고 무서웠던 대상이었습니다. 영접하는 자 그 이름을 믿는 자들에게 하나님의 자녀가 되는 권세를 주셨다고 하셨으니 오늘 저의 아버지가 되어 주세요. 마음껏 아버지라 부르며 살게 해 주세요. 이제 저는 어떤 일이 있어도 교회에 주일을 지키며 봉사하며 살겠습니다."

잡초 같은 놈. 무지랭이놈. 도둑고양이처럼 눈치로 살던 놈. 주눅 들고 기죽어 동네북처럼 취급받던 놈. 그냥 내버려 두었으면 인간 말종처럼 살았을 놈. 세상에서 가장 못되게 살았을 놈을 하나님께서는 그때부터 나를 따라다니시며 지키시고 계셨던 것이었다.

이미 태고 이전에 나를 택정하시고 내가 태어나서부터는 하나님은 나를 따라다니시며 지켜 주신 것이 정확하게 맞는 말이었다.

하나님은 버려진 듯 혼자라 여겨질 때 바람으로 위로해 주셨고 단양 산골의 그 맑은 하늘로 위로해 주셨고 밤하늘 별들로도 위로해 주셨다.

한밤중 눈물로 베개를 적시던 그 작고 초라했던 녀석을 하나님은 불쌍히 보시며 그냥 두면 안 되겠다 여기시고 보호막을 둘러 나를 지켜주셨다고 믿어지고 있었다.

그것은 바로 하나님 아버지의 울타리였다고 확신으로 다가왔다.

> 요한복음 5:24
> 내가 진실로 진실로 너희에게 이르노니 내 말을 듣고 또 나 보내신 이를 믿는 자는 영생을 얻었고 심판에 이르지 아니하나니 사망에서 생명으로 옮겼느니라.

나는 이제 사망에서 생명으로 옮겨진 하나님의 자녀였다.

나의 청년을 지나는 삶에서 친구들 중 나는 가장 포악했고 악한 자였다.

그냥 내버려두어도 될 쓰레기 같은 존재였다.

그동안 저지른 악행과 위선, 거짓된 것들과 남을 모함하고 괴롭히고 해코지하던 정말 파렴치한 존재였다.

싸움과 폭행을 수없이 하기도 했던 나였다.

하나님을 모르는 건 당연했고 아버지 무서워 교회 한번 나가 보지 못한 나였는데 하나님은 큰 날개를 펼치시고 그 품 안에다 나를 감싸시며 보호하신 것이었다.

이제 나는 새 사람으로 다시 태어난 날 새벽에 하나님을 진정으로 만나 부자의 인연을 시작하게 된 것이었다.

"나의 나 된 것은 다 아버지의 은혜라."

*

나는 다시 태어났다.
그날 이후부터 나는 몇 달 동안 울고 다녔다.
현장 방수 일을 하며 흐르는 땀 속에 눈물도 함께 수없이 흘려 내보냈다.
누구라도 예수님 말만 하면 가슴이 뭉클해지며 바로 눈물이 터져 버렸다.
차를 타고 오가며 극동방송에서 찬양이 들려와도 울었고 간증을 들어도 눈물이 흘러내렸다.
회사 사람을 만날 때도 눈물이 쏟아져 좀 민망하던 일도 일어났다.
"주 예수보다 귀한 것은 없네" 이 찬송을 몇 달 동안 부르며 그 은혜 안에 붙들려 감사하며 울고 또 울었다.
"주님의 마음을 본받는 자" 이 찬송에도 붙들려 오래도록 부르며 울었다.

이후부터 나의 모든 일상은 교회로 초점이 맞추어져 돌아가기 시작했다.
예배 중 모든 말씀들이 믿어지며 성경 속 인물들마저 살아서 내 가슴속으로 일어나 들어오며 믿어졌다.
나를 전도해 준 강용진집사가 은혜 받으면서 세상이 너무 아름답게 보인다고 했던 말이 떠올랐다.

  그 말이 나에게도 현실이 되어 나타나며 세상이 아름답게 보이고 있었다.

  "참 아름다워라" 찬송을 응얼거리며 부르다 세상의 아름다움에 감사하고 있는 중이었다.

  그 후부터 교회 일이라면 여하를 막론하고 달려들어 일하기 시작했다.

  마치 누가 하기 전에 내가 독점이라도 하려는 듯 일하는 나의 모습을 쉽게 발견할 수 있었다.

  모든 봉사는 강 집사와 심 집사의 영향을 받아 함께 더 열심히 하게 되었다.

  나를 전도해 줬고 나를 이끌어 은혜의 자리에 서게 해 준 믿음의 선배이며 동료이며 가족 같은 정말 소중한 사람들이었다.

  그 후 교회에서 나의 봉사 영역은 더 넓어졌고 그 봉사는 항상 큰 기쁨 속에 한다는 것이 완전하게 바뀐 내 모습이었다.

  나는 이제 교회 가는 것이 기다려지는 신앙인이 되어 있었다.

  깨끗하게 다림질된 옷으로 갈아입고 사모하는 모습으로 예배를 갈 때면 어린아이처럼 신이 나서 콧노래를 부르며 교회로 향하고 있었다.

  나는 이제 성경의 말씀 모든 것을 믿음으로 받아지며 설교 속으로 매일 매 시간 빨려 들어가고 있었다.

  그러다 만나지는 말씀을 붙들고 감사하며 울고 또 울었다.

그동안 아버지로 인해 너무나 큰 시련을 겪어 넘어왔다.

그러나 하나님을 만나고부터 지난 일들은 내 마음속에서 이미 저만치 밀려나 존재조차 없었다.

내 안에 오직 예수 그리스도만이 마음속의 주인이 되어 나를 이끌고 계실 뿐이었다.

주님 은혜에 감사합니다.

11.
교회 강대상의 빗물

 특별했던 금요철야 예배 후 나는 3-4개월 정도를 어디서 무엇을 하든지 울며 회개하며 다녀야 했다.
 그래도 사나이라고 자부했던 나였지만 하나님의 은혜 앞에 나는 내세울 것이 아무것도 없는 나약하고 초라한 존재임을 여실히 알게 되었다.

 은혜 받고 다음 해 나는 권찰로 불려지고 있었다.
 누군가 그랬다. 일 시키려고 만든 직분이라 크게 중요하지 않다고 말했지만 나는 그런 거 전혀 관계없었다.
 이게 바로 은혜 받은 자의 자세가 아닌가 생각됐다.
 권찰님 하고 부르는 소리가 나에겐 너무 좋은 소리로 들렸기 때문이었다.
 혈기 왕성한 30대 중후반에 나는 받은 은혜를 분출하기 위해 누구든 내 앞에 있으면 은혜 받은 것을 말해야만 직성이 풀렸다.
 한마디라도 더 말하고 싶어서 몸살이 날 거 같았다는 표현이 딱 맞았다.

교회 어른들은 그 현상을 성령에 취한 거라며 좋은 현상이라고 칭찬해 주었다.

그 후 나는 운행이든 전도든 주보 나누는 안내든 뭐든 시키는 대로 다 하는 순종의 사람이 되어 있었다.

내가 더 그럴 수 있었던 것은 나를 인도해 준 강 집사와 심 집사가 교회에 일어나는 봉사를 다 하고 있는 영향도 크게 작용한 것이었다.

나는 그 두 믿음의 선배들을 따라 1부부터 저녁 예배까지 교구 권사님들의 차량 운행을 따라다니며 하기 시작했다.

그래서인지 사랑도 많아 받으며 기쁨으로 봉사할 수 있었다.

반면 너무 뜨거워서인지 사람들에게 말로 상처를 주는 일도 발생하고 있었다.

급하고 거친 성격도 있었고 은혜의 탓도 있는 탓에 말이 너무 앞서고 있었고 좀 미혼적이면 바로 말을 던져 훈계하듯 하기도 했다.

그런 성격 탓에 보이지 않게 미움을 가지는 동료들이 생겼을 것이었다.

그러던 어느 날~

요한복음 14:6
예수께서 이르시되 내가 곧 길이요 진리요 생명이니 나로 말미암지 않고는 아버지께로 올 자가 없느니라

길이요 진리요 생명되신 예수그리스도를 믿지 않으며 지옥 간다는

설교를 듣고는 아내를 전도하기 시작했다.

우리는 평상시 사이가 참 좋다가도 토요일만 되면 '교회 가자, 안 간다'로 티격태격 매주마다 다툼이 일어나기 시작했다.

아내 전도를 하다하다 안 돼서 전도 대장 김영숙 권사님에게 도움을 요청했지만 그 권사님마저 집안에 들어오지도 못하게 막아서며 문전박대하는 강골을 보이고 있었다.

하지만 그 강골의 고집은 내 거칠고 강력한 성격 앞에서 두 손을 들어야 했다.

근처에 살고 계시던 어머니가 아내에게 "가정의 평화를 위해 우리 다 교회 나가자"고 말하며 합세를 했다.

그도 그럴 것이 나는 목소리를 크게 내며 싸울 듯이 교회 가자고 고함쳐 댔다.

그렇게 매주 토요일이면 우리 집은 지옥으로 변하게 되는 것이었다.

그만큼 성격도 강성인 데다 은혜까지 받았으니 추호의 망설임도 없이 하고 싶은 말을 다 해 버리는 성격이었다.

나는 주변과 옆집에서 뭐라 하든 어찌 되든 그런 건 아무 상관이 없었다.

나의 가족 어머니와 아내 아이들을 지옥으로 보낼 수는 없는 것이니 하루 한시가 나에겐 급한 것이었다.

롬 10:10-11

10. 네가 만일 네 입으로 예수를 주로 시인하며 또 하나님께서 그를 죽은 자 가운데서 살리신 것을 네 마음에 믿으면 구원을

받으리라
11. 사람이 마음으로 믿어 의에 이르고 입으로 시인하여 구원에 이르느니라

 어머니와 아내 아이들이 교회를 나가 예수 그리스도를 영접하고 예수 그리스도를 입으로 시인하며 마음에 믿어 의에 이르러 구원에 이르면 나는 다 되는 것이었다.
 지옥에서 천국으로 함께 가기 위해서 나는 어떤 타협도 어떤 양보도 절대 할 수가 없었다.
 그 싸움은 무식하게 막무가내로 밀어붙인 나의 승리로 끝이 났다.
 어머니와 아내, 아이들과 함께 교회를 나가기 시작한 것이었다.
 나는 너무 행복했고 모든 것이 감사하고 너무 좋았다.

※

 장마철에 큰비가 내리는 주일, 예배를 드릴 때였다.
 예배드리는 중에 목사님 설교하는 지하 예배당 천장 강대상 위에서 빗물이 스며들어 흘러내렸다.
 잠시 작은 소동은 있었지만 물받이를 하고 예배는 다시 이어졌다.
 그때 내 직업이 무엇이었는가?
 물 안 새게 물 막는 방수가 나의 직업이었다.
 은혜받아 가슴이 뜨거운 상태인 나의 입의 말은 "방수 제가 해 볼게요." 참 빠르게 교회 어른들 앞에서 말하며 입 밖으로 나가 버렸다.

예배 후 마치 무언가에 홀린 듯 툭 하고 말해 버린 것 때문에 나는 아차 싶었다.

침착하게 생각하고 말을 했어야지 하며 후회했지만 이미 말해 버린 뒤라 후회해도 이미 소용이 없었다.

아내는 그 사실을 알고 어쩌려고 그랬냐며 크게 걱정하고 있었다.

그도 그럴 것이 교회를 방수해서 잘돼야 본전이라고 누군가 말해 주었다.

실제로 그렇다고 생각됐다.

잘 안돼서 하자라도 생기면 그 뒷수습은 감당하기 어려운 것이라는 생각에 나는 큰 부담에 억눌려 기도해야만 살 것 같았다.

그러나 그때까지 나는 기도를 잘 못하는 상태였다.

카바레 지배인에게 끌려가서 혼잣말처럼 기도했고, 아버지 빚에 시달릴 때 역시 혼잣말처럼 기도했던 그때처럼 기도에 서투른 것은 마찬가지였다.

그러나 그 서툴고 못하는 기도였지만 하나님은 다 들어주셨다.

카바레 지하에서 아무 일 없이 구해 주셨고 양산으로 아무 일 없이 이사하게 해 주셨다.

하지만 이번엔 좀 특수한 상황이었다.

나는 혼자서는 기도를 여유 있게 조곤조곤 잘 했지만 금요철야 때 다들 부르짖어 기도할 때 나는 그 기도 소리에 눌려 기도를 못 하며 입맛만 쩝 다시고 돌아갈 때가 많았다.

"방수 제가 할게요." 말했을 때 좋아하시던 목사님, 장로님과 어른들의 모습은 나의 마음에 부담감으로 짓눌려 다가왔다.

나는 기도해서 하나님의 절대 능력을 구해야 한다고 믿어졌다.

그 후 그 부담을 덜기 위해 금요철야 때에 기도해야 하는데 여전히 남들 기도 소리만 듣다가 돌아갈 때가 많았다.

지하 예배당 작은 공간에 찬양을 크게 틀어진 곳곳에 부르짖는 기도는 나같이 기도에 숙달되지 않은 사람이 함께 기도한다는 것은 중과부족이라고 여겨졌다.

나는 기도가 너무 하고 싶어 몸살이 날 지경이었다.

방수 언제 할 거냐고 담임목사님(원로)이 말했다며 사찰집사님이 내게 물어 왔기에 나는 마음이 더 조급해져 있었다.

빨리 하나님께 지금 내 사정이 이렇다고 고해야 하는데 앞뒤 옆에 사람들 기도만 듣고 있으니 너무 답답해 미칠 지경이었다.

어떤 어른은 그냥 기도하면 되지 뭘 그러냐고 말하기도 했다.

사실 일반적으로 보면 충분히 그럴 수 있었지만 나의 마음속엔 이미 부르짖어 기도해야 한다는 생각으로 가득 차 있었기에 그 생각 때문인지 어떤 말도 내 귀에 들어오지 않았다.

나는 다가오는 금요철야 예배를 기다리며 다짐을 하고 있었다.

다른 사람들 누구보다도 더 크게 부르짖어야만 내 기도를 할 수 있다고 생각하며 금요철야에 목숨 건 투쟁처럼 기도를 시작했다.

좀 더 크게, 좀 더 크게 반복하며 나의 기도는 악으로 깡으로 시작되었다.

남들의 기도 소리가 들리지 않을 때까지 소리 지르며 반복하다 어느 한순간 남들 기도는 전혀 들리지 않고 있었다.

　나는 하고 싶은 말을 그 악쓰는 소리에 다 담아 넣어서 하나님께 전달해 올려 드렸다.

　얼마나 시간이 지났을까? 가슴속이 시원해지며 10년 묵은 체증마저 뻥 뚫리는 기분이 들 정도였다.

　그렇게 한참 기도하다 살짝 실눈 뜨고 보자 내 옆과 주변에는 한 사람도 보이지 않았다.

　침을 튀기며 악으로 깡으로 부르짖는 내 기도를 듣다가 다들 대피해서 집으로 돌아간 듯 보였다.

　그리고 조금 떨어진 곳에서 사람들이 저마다의 기도로 열기를 뿜고 있었다.

＊

　그렇게 기도의 적정량이 채워지며 방수의 자신감을 얻고는 함께 일하는 후배와 방수공사를 시작했다.

　필요한 재료만 사 주면 인건비는 받지 않겠다고 하며 시작했다.

　교회에서 인건비를 준다고 몇 번 말했지만 하나님의 집 일을 일당 받고 할 수는 없다고 생각됐기에 정중하게 거절했다.

　후배 인건비는 내가 알아서 해 줄 수 있는 위치에 있었기에 큰 부담 없이 교회 방수 일은 시작되었다.

　지하 강대상 위 지상에는 철 구조 주차시설이 절반을 차지하고 있던 관계로 우선 절반의 구간만 방수하기로 하고 진행했다.

　방수 일은 3일에 걸쳐서 모든 일이 순조롭게 잘 마무리되었다.

　방수 하는 중에도 나는 "하나님 제발 하자 안 나게 도와주세요." 하고 수없이 부담으로 기도하며 일을 끝낼 수 있었다.

　부담이 있던 만큼 공사 중에 신중에 신중을 더해 공사를 했기에 하자 안 나게 했다고 다소 자신감도 가지고 있었다.

　그리고 바로 며칠 뒤 비는 때를 맞추어 내려 주었다.

　정말 숨죽이며 하자 검증한 결과 다행히 방수한 위치에는 물 한 방울도 새지 않고 있었다.

　반면 주차시설 때문에 하지 못한 절반의 곳에서는 여전히 빗물이 흘러내려 강대상 옆으로 빗물이 떨어지고 있었다.

　하는 수 없이 바로 다음 주 반쪽도 방수를 마저 해야만 했다.

　후배와 나는 그때 정말 성심을 다해 교회 방수 일에 임했다.

　그때까지 그렇게 신중하고 꼼꼼하게 방수를 해 본 적이 없었을 정도로 신중하게 해야만 했다.

　그 결과는 다행히 나중에 한 곳 반쪽도 물 한 방울 새지 않았다.

　"하나님 감사합니다, 하나님 감사합니다."

　이렇게 기쁘고 좋을 수가 있단 말인가?

　물 한 방울 새지 않는 것을 바라보며 춤을 추고 싶을 정도로 정말 좋았다.

　내가 이렇게도 기쁘고 좋으니 하나님도 많이 기쁘셨을 거라는 생각도 들었다.

※

 교회 방수 일 후 그 이듬해 여름이 지나 가을이 한참일 때 새벽에 일을 가려고 일어나다 나는 방바닥에 다시 꼬꾸라져 버렸다.
 젊어서 다친 허리의 고질병이 다시 재발했던 것이었다.
 고질병처럼 자주 반복해서 찌직~ 하는 느낌이 나며 허리가 한번 빠지면 말할 수 없는 고통으로 나를 괴롭혔고 몇 날 며칠을 꼼짝 못 할 때가 많았다.
 늘 조심해서 일하는 편인데 혈기 왕성하다 보니 허리 고질병을 잊은 채 깜빡하고 무리할 때가 많았다.
 며칠간 일이 바빠서 좀 무리한 탓도 있었지만 이번에 아픈 정도는 그 전과는 완전하게 다르게 고통이 있었다.
 허리 척추 중앙에 강낭콩만 한 혹이 불룩 튀어나와 만져지고도 있었다.
 몸을 전혀 가누지 못할 정도의 통증이 고통으로 일어나고 있었다.
 일어나 앉아 밥 먹는 것조차도 힘들어 아내의 부축으로 가까스로 밥을 먹어야 했다.
 두려움과 걱정이 태산처럼 나의 온몸에 밀려들어 왔다.
 나는 몸으로 벌어먹는 처지라 건강한 몸은 나의 전 재산과도 같았다.
 그런데 허리가 이 모양이 됐으니 하늘이 무너져 내리는 거 같았다.
 아내와 어머니는 병원에 가라고 또 가자고 난리였다.
 나는 병원에 가는 것이 너무 두렵고 무서웠다.
 청년 때 다쳐서 병원에 오래도록 다녔지만 쉽게 낫지 않는 곳이 허리라는 걸 너무도 잘 알고 있었다.

더구나 그 치료 과정이 얼마나 고통이 동반되고 있는지도 너무나 잘 알기에 망설여졌다.

나는 허리에 손을 올려 잡고 기도했다.

"저는 재산도 없습니다. 저는 도움받을 사람도 없고 저를 도와줄 그런 곳도 제겐 전혀 없습니다. 당장 이렇게 아픈 허리를 가지고는 먹고 살 길도 없으니 전능하신 하나님께서 그 능력으로 저의 허리를 고쳐 주세요."

교회 강대상 방수를 통해 기도의 훈련이 좀 된 것인지 기도가 술술 잘되어 나와 하나님께 올려졌다.

"나의 아버지 돼 주신 하나님 제발 도와주세요. 깨끗하게 고쳐 주셔서 평생 방수로 먹고살게 해 주세요."

허리의 약을 지어다 먹으며 나의 기도는 일주일 동안 정말 구구절절 간절하게 올려지고 있었다.

때로는 하나님을 협박하듯 기도하기도 했다.

지난 나의 죄들을 고백하며 회개하며 기도하기도 했다.

야고보서 5:16
그러므로 너희 죄를 서로 고백하며 병이 낫기를 위하여 서로 기도하라 의인의 간구는 역사하는 힘이 큼이니라

그때 나의 허리를 위해 기도해 주는 사람들도 여럿이 있었다.

밤과 새벽에 교회 계단 밑 골방에서 쪽잠을 자며 나를 위해 기도 한다는 박현범 안수집사님(은퇴 장로님)처럼 정말 감사한 분들도 있었다.

어머니도 아내도 밤과 새벽에 기도하지 않는데 여러 교우들이 기도해 준다는 사실 앞에 나는 크게 감사하며 기도에 더 열중하고 있었다.

그렇게 일주일 정도 지난 새벽이었다.

습관적으로 자다 허리를 만지게 되었다.

그런데 허리에 불룩 튀어나와 있던 혹이 온데간데없이 사라지고 없었다.

허리의 통증도 완전히 사라지진 않았지만 거의 없었고 나는 평상시처럼 자유롭게 일어나 앉을 수 있었다.

허리가 거의 아픈 곳 없이 원 상태로 돌아와 있었던 것이었다.

"하나님 아버지 감사합니다."

*

그리고 이듬해 미아리 SK아파트 현장에 방수소장으로 일하고 있었다.

교회 방수 일을 함께했던 후배와 몇 사람을 데리고 함께 일하는 현장이었다.

내가 일하는 곳 사장님은 학식이 높은 사람이었고 집안의 사람들도 다 학자 출신이었다.

점잖고 왠지 고급스런 위풍을 풍기는 그런 모습의 좋은 사람이었다.

나에게 언제나 인격적으로 대해 주며 좋은 대우도 해 주었다.

방수 일은 잘 모르는 사람이었고 나한테 다 일임하고 가끔 찾아와 일 상황만 체크하고 가는 상태였다.

그렇게 나를 믿어 주는 믿음이 있는 만큼 나는 더 성실하게 일을 해 주어야 했다.

나의 그 근면 성실함은 함께 일하는 동료들도 나와 하나처럼 일해 주었고 우리는 좋은 한 팀이 되어 있었다.

어느 날 사장님은 현장에 찾아와서 신중하게 말을 꺼내기 시작했다.

이 방수 일이 자신에게 맞지 않아서 나에게 거래처까지 다 넘겨준다는 것이었다.

나는 깜짝 놀랄 수밖에 없었다.

"사장님 왜요? 제가 뭐 잘못해서 그런 건가요?"

나는 너무 뜻밖이고 갑작스러워 놀라며 황급히 물었다.

"아니 그런 건 전혀 아니고 내가 다른 일을 좀 하려고 그래서 그래. 이번 달만 정산하고 다음 달부터 직접 하시라구. 거래처는 조만간 소개시켜 줄게. 이미 다 얘기는 돼 있기도 하구."

1년 남짓 함께했는데 그 일이 거래처를 동반해서 넝쿨째 둘둘 말려 나에게 그대로 넘어오는 것이었다.

내가 근면 성실하게 일한 건 맞지만 조금 과장되고 가식적으로 했던 부분도 분명 있었는데 그러나 하나님께서는 다 눈감아 주셨고 그 일을 다 둘둘 말아서 나에게 한 번에 다 넘겨 주셨다.

2년 전 교회 강대상 위에 방수 후 가을에 허리가 아파 꼼짝도 못 했던 일이 떠올랐다.

"몸 낫게 해 주셔서 평생 방수 일 해서 먹고살게 해 주세요."

하나님 아버지는 나의 이런 기도를 그냥 지나치지 않으시고 다 들으셔서 기억하고 계셨다.

그리고 기회를 엿보시고 계시다 지금의 사장님과 함께 일하게 하신 것이었다.

지난해 가을 허리 아프고 나서 일하던 현장에서 급하게 용인 현장으로 아주머니 한 분과 지원을 나간 적이 있었다.

그곳에서 1주일 정도 일했을 때 주차장 특수방수 시공팀이 들어와 일을 하게 되었다.

그 팀에서 일하는 사람이 없다며 지원 나온 나에게 또 그 팀으로 다시 지원을 해 주라는 것이었다.

기분은 좀 상했지만 나는 그 특수방수에 관심이 좀 있어서 지원하는 일을 흔쾌히 하게 되었다.

그런데 정말 웃겼던 건 시공팀의 일하는 수준이 너무 형편없다는 것이었다.

한마디로 다 초짜들이었고 그 속에는 용역도 끼어 있었다.

내가 지원 나가 하루 함께 해 줬을 뿐인데 그 팀 사장님과 팀장이 난리가 나 있었다.

그 일은 하는 방식만 좀 다를 뿐 기존에 내가 능숙하게 잘하던 방수 제품과 비슷한 부분이 많아 나는 아주 쉽고 능숙하게 할 수 있었기에 그 팀에게 좋게 보일 수밖에 없었던 것이었다.

바로 그때 지원 나간 곳에서 또 지원을 나가게 되어 만난 사장님이 1년 정도 일하고 거래처와 함께 나에게 모두 넘겨주고 있는 것이었다.

하나님의 계획은 정말 그 깊이를 전혀 가늠할 수조차 없이 치밀하시며 실수가 전혀 없으셨다.

왜 하나님은 나의 그 작고 짧았던 기도에 귀를 기울여 주셨고 그 기도대로 나의 시간들을 이리저리 틀어 맞추셔서 그 길에 나를 걸어가게 하시는지 너무나 감사했다.

나는 청년 때 아내를 만나기 전 군납품 텐트, 천막, 탄창 만드는 일들을 도급 맡아서 사람 10여 명 데리고 여러 곳을 다니는 소규모 사장이었다.

그 일을 잘해 보려고 연구하며 전심의 노력을 기울여 일했었다.

그런 노력 덕에 나보다, 우리 팀보다 잘하는 사람과 팀을 만나 보지 못했었다.

나는 대한민국에서 이 일만은 1등이라고 자신하며 일할 수 있었다.

그리고 10여 년이 지난 지금 특수방수 일이 내 앞에 와 있는 것이었다.

하나님 아버지께 "내 허리 깨끗하게 고쳐 주셔서 평생 방수로 먹고 살게 해 주세요."

기도한 지 1년 좀 지나 있을 때 방수 일의 작은 사장으로 만들어 주신 것이었다.

하나님 아버지께 나는 눈물로 감사하며 기도하고 또 감사했다.

그리고 나는 청년 때 군납품 일처럼 이 특수방수 일을 대한민국 1등으로 만들고 싶었다.

나는 특수방수 일에 온 힘을 다해 기도하며 연구하고 또 연구해서 방수 일에 하나님께서 주시는 지혜를 접목시켜 갔다.

얼마가 지났을 때 그 특수방수 일은 그 누구도 넘볼 수 없도록 자신 할 수 있는 일들로 확고한 틀이 만들어졌다.

모든 것은 나의 아버지 되어 주신 하나님의 은혜였다.

"깨끗하게 고쳐 주셔서 평생 방수로 먹고살게 해 주세요."

하나님께서는 허리 아파서 허리 낫기를 기도하며 했던 작은 한마디 기도를 들으시고 즉각 이루어 주신 것이었다.

"하나님, 제가 무엇이기에 저에게 이렇게 큰 은혜를 베푸시는 것인가요? 이 은혜를 어찌 감당해야 하나요. 감사합니다."

이사야 43:1
야곱아 너를 창조하신 여호와께서 지금 말씀하시느니라 이스라엘아 너를 지으신 이가 말씀하시느니라 너는 두려워하지 말라 내가 너를 구속하였고 내가 너를 지명하여 불렀나니 너는 내 것이라

창조주 여호와 하나님께서 지명하여 불러내신 나는 이제 나의 평생을 하나님께 드리며 찬양으로 경배하며 예배드리며 살겠다고 결심하고 있었다.

12.
집사 구역장

1999년 12월, 나는 집사가 되면서 구역장도 함께 될 수 있었다.

집사가 되기 전 나는 집사 되면서 구역장도 함께 하게 해 달라고 하나님께 오래도록 기도한 결과였다.

그냥 조용히 며칠 기도한 것이 아니라 기도굴에서 오래도록 뜨겁고 크게 부르짖어 기도했다.

아마 하나님은 내 기도를 들으시면서 웃기셨을 것 같았다.

어쩌면 귀찮아서 집사 주면서 구역장도 시켜 주셨을 수 있다.

하나님은 그러실 분이 아니시지만 그만큼 내 기도는 정말 뜨겁게 열정이 있었고 직분을 달라고 오래도록 졸라 댔다.

그토록 사모하여 구역장이 됐으니 나와 한 구역으로 묶어 준 구역 식구들은 나에게 참 소중하다고 생각했다.

그런 만큼 구역예배에 은혜받게 하기 위해 나는 몸부림을 치듯 열심히 했다.

금요일 구역예배를 위해 주일 목사님 설교 테이프를 구해 구역예배 때까지 듣고 다니며 말씀에 은혜받기 위해 노력을 기울였다.

그런 노력으로 구역예배를 인도하면서 갈수록 구역은 안정되었고 구역모임은 자연스레 활성화되어 갔다.

매주 금요일 각자의 집으로 초대하여 정성스런 음식으로 나누며 우리 모두는 하나님께 진심으로 예배를 드릴 수 있었다.

나의 인생길은 굴곡이 무척이나 험악한 삶이었다.

나는 우리 집을 부자보다는 명문 집안으로 만들고 싶어 했다.

우리의 선조부터 사대부 양반 집안이었지만 현대 세상에서는 명문 집안이라 하면 부와 명예 출세 가도를 이루면 명문으로 여기고 있었지만 나는 하나님을 만나고부터 생각이 완전 달라져 있었다.

성경 속 인물들의 다수가 하나님을 만나고부터 그 가정과 가문이 달라졌고 안정화된 것이 잘 나타나 있듯이 나는 생각을 완전히 바꾸어 가기 시작했다.

그래서인지 나는 십계명 중에 제2계명에서 너무나 큰 감명을 받았다.

그 구절 2계명에서 하나님의 사랑이 느껴졌으며 하나님께서 우리를 어떻게 이끌어 가고 싶으신지 증명되어 있는 구절이라고 나는 생각하게 되었다.

나는 공부도 하지 못했다.

나는 공부를 못 한 것이 늘 마음 한구석에 자리해 있었다.

어디서든 학교 공부 얘기만 나오면 나는 어디든 숨을 곳이 필요했다.

그런 나의 내면의 상처를 치유하기 위해 10대 중반에 야간 학교도 다녔었다.

그러나 이미 공부와 멀어진 나는 생각과 현실은 전혀 적응을 하지 못했고 중도에 포기하고 말았다.

그러다 10대 중후반을 지나며 책 한 권을 읽으면서 책을 좋아하기 시작했다.

그때부터 책 읽기에 모든 걸 다 투자하는 뜻밖의 집념이 나에게서 일어났다.

어디서 그런 열정이 일어난 것인지? 그때 1년이 넘도록 거의 매일 밤을 꼬박 새워 가며 책을 읽고 또 읽었다.

민속 도자기 공장을 다니고 있던 나는 그때 읽은 책이 무려 100여 권 정도로 2~3일에 한 권씩 읽어 가던 독서광이었다.

나는 그냥 책이 좋아서 읽는 것뿐인데 내 생각 속에선 나를 전혀 다른 세계로 인도하며 나의 무식함을 유식으로 바꾸어 주는 정말 중요한 역할을 해 주고 있었던 것이었다.

그러다 보니 말을 할 때도 앞뒤 두서 있게 말하는 내가 되어 있었다.

그렇게 독서로 청소년기를 보내고 청년이 될 때쯤에 나는 글 쓰기를 좋아하며 책을 쓰고 싶은 생각이 새록새록 마음속에 일어나기 시작했다.

나의 상상 속의 주인공을 등장시켜 그 주인공을 마음대로 이끌어 가면서 그 주인공이 내가 되기도 해 보며 그 주인공 덕에 나는 삶과 의식은 어떤 눌림에서 벗어나며 조금씩 긍정적인 사람으로 바뀌며 좋아지기 시작했다.

대리만족에서 오는 성취감이었지만 누가 뭐라든 상관없었다.

지금 내가 먼저 행복하면 되는 것이었다.

책 탓인지 판단력이 좋고 지혜롭다는 말을 자주 듣게 되면서부터 후배들과 친구들의 온갖 상담을 해 주는 역할이 하나 늘어나 밤낮 상담을 해 주기도 했다.

독서와 집필은 나에게 그런 능력을 안겨 주었다.

*

20대에는 나에게 특별한 친구들이 생겨났다.

홍대 미대 동양화를 전공하는 친구가 있었다.

그 친구는 주유소 직원으로 일하는 친한 친구의 춘천의 고향 친구였다.

어느 날 홍대 친구가 찾아와 2학기 등록 학비가 부족해서 2학기를 휴학해야 한다는 말을 하는 것이었다.

나는 그 말을 들으며 추호의 망설임 없이 처음 보는 서영림 친구였지만 부족한 학비를 내준다고 약속했고 얼마 후 그 학비를 아무 조건 없이 적은 금액이었지만 선뜻 내주었다.

그 친구와 나는 그 뒤로 급격하게 친해졌다.

또 한 친구가 있었는데 나처럼 배우지 못했지만 한국 동양화전 입상을 꿈꾸는 직장인 조희철이란 친구도 있었다.

또 다른 친구는 자칭 이외수 작가의 제자며 또 걸레스님으로 유명했던 사람의 제자라며 함께하게 되었다.

그들과 넷은 우리 집 다락방에서 밤샘 토론으로 그 귀한 시간들을 함께했다.

그 기간은 무려 1년 6개월의 긴 시간이었다.

이외수 작가 제자라는 친구는 오래되지 않아 어디론가 떠나 버리곤 연락이 없었지만 남은 우리 셋은 더 오래도록 함께했다.

그때 우리의 그런 모습을 보며 걱정으로 바라보던 어머니의 모습도 떠오른다.

그러나 그때 나는 낮에 일하고 밤에 다락방 토론을 하는 덕에 어머니의 걱정을 조금은 덜어 줄 수 있었다.

그때 문학 서적과 톨스토이 철학 책 등 다양한 장르의 서적들을 주제로 열띤 토론을 나누었다.

그 시간이 오래 지속되며 우리는 더 가까워졌고 토론으로 학식과 언변술과 남의 말을 들을 수 있는 마음들이 자연스레 배워지며 나의 모든 일상들은 한순간에 일취월장 성장하는 귀중한 시간이라고 나는 자신 있게 말할 수 있다.

그러나 그런 소중한 시간들의 배움과 성장에도 나에게는 한 가지 큰 단점 하나가 있었다.

급하고 거칠고 포악한 성격은 내 안에 그대로 자리 잡고 있으면서 하나님을 만나 체험하며 은혜를 받았지만 또 서리 집사와 구역장이 되었지만 지금까지 여전히 변하지 못한 것이었다.

급한 성격과 너무나 지나친 승부욕은 교회에서 축구, 족구를 할 때면 나의 성격이 180도로 뒤바뀌는 것으로 나타났다.

나의 실수는 가볍게 넘어가고 동료의 실수는 거의 독설로 비평하며 폄하하는 안하무인 성격의 소유자였다.

그 독설은 직위고하를 막론하고 서슴없이 면박하며 소리소리 지르기를 조금도 망설이지 않는 안하무인이었다.

그런 나를 보며 하나님은, 또 목사님 장로님들은 얼마나 힘들었을지 나중에야 생각하게 되었다.

반면 교회 일이라면 나는 뭐든 몸을 사리지 않고 순종하며 동분서주 뛰며 일하는 존재였으니 이럴 수도 저럴 수도 없는 참 골치 아픈 존재였을 것이었다.

그 성격은 내가 일하는 현장에서도 나타났다.

일하는 식구들을 교회 안 나오면 일 나오지 말라며 강압적으로 교회로 끌어다 예배를 드리게 했다.

그 덕에 매주 25-30명 정도 출석하는 구역장 구역이었다.

사람이 필요해 구인 광고를 내고 연락이 오면 교회 다녀 봤냐? 나랑 일할 거면 교회를 다녀야 하는데 교회 나오겠냐? 하며 처음 보는 사람에게도 강하게 요구하고 나섰다.

마천동 사는 한 사람은 "혹시 사이비종교 아니냐, 요즘 세상에 교회를 강제로 나오라고 하는 사람이 어디 있냐?" 하면서 따져 묻기도 했다.

하기 싫으면 안 하면 되는 거지 뭔 말이 많냐고 전화를 끊어 버렸지만~

결국 그 사람은 교회를 나왔고 일도 1년쯤 하다 다른 곳으로 이직해 갔다.

그 당시 2000년대 초 건축현장은 바쁠 때면 주일에도 일을 해야 했다.

지금은 노무자 우선의 노무법이 발달해 있지만 그때는 건설회사가 절대 갑이었으니 따르는 수밖에 없었다.

나는 주일에 일하게 되면 다 교회에 나와서 예배를 드려야 일을 시켜 줬다.

예배 후 현장 도착하면 보통 오전 9시가 넘어 도착하게 되고 현장에서는 늦었다고 난리가 나는 것이 대부분이었다.

나에게는 금전적인 손실도 있었지만 나는 그런 것은 전혀 아랑곳하지 않았다.

나에게는 예배가 최우선이었고 예배는 나의 목숨과 같았기에 누가 뭐래도 나의 신념을 꺾을 수는 없었다.

나는 그 목숨과 같은 예배를 통해 하나님을 만날수 있었으니 타협은 절대 있을 수 없는 것이었다.

그리고 나의 예배는 그냥 예배가 아니었다.

철저하게 아픔과 고통과 외로움을 겪고 나서 버림받아 마땅했던 나를 택하여 지켜 주신 나의 하나님 아버지에게 드리는 예배였다.

더구나 나의 일과 모든 일상들은 하나님께서 주시지 않았는가?

내가 만군의 여호와 하나님 말고 누구와 타협을 한단 말인가?

그러니 예배가 우선 되는 것은, 내가 내 아버지 하나님을 경외하고 경배하며 찬양하는 것은 지극히 당연한 것이었다.

나에게 일감을 제공해 주는 특수방수 제품 회사에서 사우디, 베트남에 회사 제품 샘플 시공으로 가게 됐을 때도 주일날이 그 일정에 들어 있어서 나는 못 간다고 거침없이 거절했다.

내가 그러는 것은 하나님과의 약속이었고 나는 그 약속을 목숨보다 소중하게 지키고 싶었다.

물론 예배 때마다 다 은혜로 충만한 것은 아니었다.

때로는 졸기도 했고 일 생각을 하며 예배를 소홀히 할 때도 있었지만 그때마다 무릎을 때리고 꼬집으며 예배에 집중하려 노력했다.

그런 내 모습과 행동에 회사 사람들은 처음에는 못마땅해 했지만 시간이 지나며 나의 신앙을 인정해 주며 더욱 나를 신뢰해 주어 오히려 전화위복이 되어 주었다.

이런 일은 처가에서도 있었다.

집안 행사는 꼭 주말 주일에 잡아 진행하고 있었다.

나는 추호의 망설임도 없이 주일 참석은 절대 참석할 수 없다고 선포했다.

그 후 처가의 행사 일정도 나를 배려하며 공휴일이나 토요일로 잡아서 하게 되었다.

이런 일들만 보면 집사와 구역장은 자격이 충분히 될 수도 있었지만 성격과 승부욕을 보면 절대 자격 미달자였다.

하지만 하나님은 나의 장점만 보신 듯 집사와 구역장을 동시에 시켜 주셨다.

나는 무식했고 성격만 너무 강한 자인데 하나님은 나를 쓰시려고 선택하여 주신 것이었다.

하나님의 그 부르심의 선택으로 나는 서리집사지만 구역장집사였고 한 영혼을 천하보다 크다고 여기시는 하나님의 영혼 돌보는 구역장 직분을 받았으니 나는 출세한 것이라 생각되고 있었다.

내가 교회 집사가 되었다는 소리를 들은 친구들이 그 ○○가 집사가 됐다고? 하며 많이들 놀라 했고 놀림을 받기도 했다.

야간 학교에 적응을 못 하고 그만두자 하나님은 책 속으로 나를 인도하셨다.

책으로 얼마의 지식이 쌓이자 이번에는 토론할 수 있는 여건과 사람을 보내셔서 세상의 학식을 우회적으로 그 부족분들을 채우게 하셨다.

이제 남은 건 나를 주앞에 내어 드리고 정말 최선을 다하는 것만 남아 있다고 믿어졌다.

나는 교회의 각종 모임이 있을 때면 3~40분 일찍 가는 습관이 있었다.

주로 방석을 깔아야 하는 유치부실에서 기도회를 할 때면 불 켜고 보일러나 에어컨 켜고 방석 깔고 하는 일들은 오래도록 내 차지였다.

그 시간은 나를 하나님 일에 드리는 너무나 소중한 시간이 되어 나의 행위로 드리는 기도가 되어 있었다.

회사 일에서도 일찍 출근해서 그런 일들을 하면 칭찬받는데 하물며 전능하신 내 아버지야 어쩌시겠는가 말이다.

내가 수년 동안 매주 차량봉사를 할 때도 하나님은 각종 사고로부터 나를 지키셨고 언제나 보호해 주셨다.

스스로 계신 전능하신 분 하나님은 인자하신 나의 아버지이셨고 나를 살리시는 생명이시며 나를 이끄시는 길이시며 나를 푸른 초장에 누이시는 목자이시니 나는 내 시간과 모든 것을 나와 나의 가족의 구주 앞에 내어놓을 수 있는 것이었다.

  큰 딸아이가 주일을 한 번 빠지고 학원으로 갔을 때 단호하게 회초리를 들어 손바닥을 때리며 주일은 너의 것이 아니라 하나님의 날이라고 가르쳐 주었다.

  그때 언니 손바닥 맞는 모습을 보던 작은 딸아이에게도 함께 참교육이 되는 시간이었다.

  하나님은 나의 아버지, 나의 피난처, 나의 구원이 되시니 내가 다른 길로 갈 수가 없는 것이었다.

13.
꿈

구역장과 집사 직분을 받은 지 2년쯤 되던 해 가을, 나는 인천 중동 현장에서 일을 하고 있었다.
비교적 모든 것이 순탄하고 가정도 안정이 되어 가고 있었다.

현장 일은 새벽 일찍부터 움직여야 하는 일이라 오전 일을 마치고 점심 식사 후 모두 오침을 하는 것은 으레 하는 일이었다.
당시 현장이 서울에도 한 군데 있었다.
나는 두 현장을 오가며 관리하다 때로 일손 부족한 곳에 일을 하기도 하는 형태로 진행되고 있었다.
좀 이른 식사 후 습관이 된 것도 있었고 간밤 잠을 설치는 일이 좀 있어서 그런지 피곤과 식곤증이 급격하게 몰려왔다.

차 시트를 뒤로 젖히고 누워 잠이 들었다.
얼마나 잤을까? 꿈속에 둥근 체육관 형식의 건물 하나가 나타났다.
지붕 색상은 연한 커피색이었고 형태는 왠지 우리 교회를 좀 닮은 듯 아닌 듯했다.

꿈속 교회는 갑자기 지붕에 실금이 조금 생기기 시작하더니 굉음 같은 소리를 내며 쩍쩍 크게 갈라지기 시작했다.

나는 너무 깜짝 놀랐지만 몸을 전혀 움직일 수 없었고 그냥 바라만 보고 있어야 했다.

그러더니 갑자기 하늘에 먹구름이 몰려오며 우르르 꽝~ 느닷없이 천둥이 하늘을 가를 듯 우르르 꽝 꽝 치기 시작했다.

하늘을 쪼갤 듯 치는 천둥은 내가 살면서 한 번도 들어 보지 못한 소리로 이미 나라는 존재를 완전하게 압도하며 위축시켜 버리고 있었다.

연이어 번쩍번쩍 번개를 동반하며 갑자기 폭풍우가 몰아치기 시작했다.

그러더니 큰 균열이 일어난 곳으로 빗물이 흘러 들어가기 시작했다.

나는 그 광경을 바라보며 너무 두려운 마음에 어디든 숨을 곳을 찾았지만 찾을 수 없었다.

그때였다.

담임목사님(원로)이 나타나 "움직이지 말고 그대로 있어!" 하고 호통을 치며 소리치며 다가왔다.

그 호통 소리는 도저히 거역할 수 없는 위엄이 있었고 웅장함으로 들려왔다.

목사님은 나를 바라보고 서서 더 말하지 않았지만 그 한마디가 근엄하고 엄중함이 그대로 나에게 전해져 느껴지고 있었다.

나는 소스라치게 놀라며 잠에서 깨어 벌떡 일어나 앉았다.

온몸에 한기가 휘감아 오며 몸이 벌벌 떨리고 있었는데 등과 머리에 이미 식은땀이 주르륵 흐르고 있었다.

떨지 않으려고 어금니를 꽉 물었지만 드드득~ 연신 부딪치는 소리가 좁은 차 안을 돌아 울리듯 들리고 있었다.

전혀 예상치 못한 꿈으로 나는 너무 혼란스러웠다.

너무 큰 두려움이 나를 꼼짝도 못 하게 했다는 것에 나는 전혀 움직일 수조차 없었다.

꿈은 나를 하루 종일 아무 일도 못 하게 했다.

도대체 무슨 뜻이지?

당시 나는 새벽에 일어나 말씀 읽는 것으로 하루를 시작하고 있었는데 그때 문득 얼마 전 민수기를 읽고 지나간 것이 생각났다.

민수기 16:1-2

1. 레위의 증손 고핫의 손자 이스할의 아들 고라와 르우벤 자손 엘리압의 아들 다단과 아비람과 벨렛의 아들 온이 당을 짓고
2. 이스라엘 자손 총회에서 택함을 받은 자 곧 회중 가운데에서 이름 있는 지휘관 이백오십 명과 함께 일어나서 모세를 거스르니라

얼마 전 읽어 지나간 16장 이 구절을 다시 찾아가 읽으며 나는 가슴이 철렁 내려앉아 버렸다.

그리고 더 급격한 공포에 휩싸여 완전히 오들오들 떨리고 있었다.

민수기 16:31-33

31. 그가 이 모든 말을 마치자마자 그들이 섰던 땅바닥이 갈라지며

32. 땅이 그 입을 열어 그들과 그들의 집과 고라에게 속한 모든 사람과 그들의 재물을 삼키매

33. 그들이 그의 모든 재물이 산채로 스올에 빠지며 땅이 그 위에 덮이니 그들이 회중 가운데서 망하니라

물론 말씀대로 현대에 일어나진 않겠지만 꿈으로 인해 나의 두려움은 민수기 말씀으로까지 이어지고 있었다.

나는 그때 몇 사람과 믿음의 부모였던 분들에게 반기를 들고 있었다.

더구나 그 일을 가지고 담임목사님(원로)의 부흥회 하는 교회까지 찾아가 무슨 조치든 해 달라고까지 하고 있었다.

나에게 부모 같은 은인분들에게 배신을 했고 또 그분들 등에는 비수를 꽂는 배은망덕한 일을 저지르고 있었던 것이었다.

그 일을 주도할 만한 위치는 아니었지만 지금 그런 진위 여부를 따지는 것이 중요한 게 아니었다.

민수기 말씀에 잡혀 두려움이 떠나지 않는다는 것이 너무 두려웠다.

함께 당을 지었던 몇 사람은 바로 모여서 우리가 등 뒤에 비수를 꽂았던 분들 자택을 찾아가 무릎 꿇고 눈물로 용서를 빌었다.

그때 그분들은 의연하게 우리를 맞이했고 그분들은 하나님의 은혜 안에 있다는 것이 저절로 느껴지는 분들이었다.

우리들의 무릎 꿇음의 용서를 흔쾌히 받아 주며 용서해 주었고 품에 안아 주던 그 어른들은 너무 귀하고 고마운 분들이었다.

그분들은 나를 위해 우리 가족을 위해 늘 기도해 주던 분들이었다.

또 바른 신앙으로 인도해 준, 나에게는 절대 잊어서는 안 되는 은인들이었다.

무엇이 얼마나 어땠다고 은인들을 배신까지 해 가며 나를 내세우고 싶었는지 너무나 한심한 일이었다.

어쩌다 악한 영들에게 꾀여 그 일에 가담하고 그 중심으로 들어갔는지 너무나 많은 후회를 하고 또 후회를 하게 했다.

나는 그일 이후 기름부은 믿음의 사람들을 모함하는 일에는 일체의 거리를 두겠다고 결심했다.

교회를 거스르는 일에는 입을 아예 다물고 듣지도 않겠다고 결심했다.

혹 내 귀에 교회나 목사님에 대한 흠집의 소리가 들리면 나는 즉시 내 귀를 털어 버리기 시작했다.

그리고 교회일 모임 외에는 모임(당)에 들거나 만들지 않겠다는 결심도 했다.

※

나는 성경 속 인물 중에 다윗 왕을 많이 좋아했다.

그는 왕이면서 하나님 앞에서는 왕이 아닌 믿음 있는 신앙인이었다.

다윗 왕은 하나님 앞에서 자신을 전혀 내세우지 않는 겸손한 왕이었다.

왕의 말과 행동에서 하나님의 신뢰와 존중이 그대로 다 드러나는 최고의 믿음을 받은 사람이었다.

> 삼상 24:4
> 다윗의 사람들이 이르되 보소서 여호와께서 당신에게 이르시기를 내가 원수를 네 손에 넘기리니 네 생각에 좋은 대로 그에게 행하라 하시더니 이것이 그날이니이다 하니 다윗이 일어나서 사울의 겉옷 자락을 가만히 베니라

나는 이 대목에서도 감동을 받았다.
다윗 왕은 사울 왕에게 쫓기면서 갖은 수모를 다 겪으며 온갖 고생을 다 하며 도망 중이었다.
그런 다윗과 함께하는 사람들은 하늘이 준 기회라며 당장 사울을 죽이라고 권하며 설명하고 부추기고 있었다.
그러나 다윗은 가만히 사울의 옷자락만 베고 말았다.
과연 이런 말도 안 되는 믿음이 있단 말인가.?
하나님께 합한자 된 다윗의 믿음을 나는 시편을 읽으면서도 부러워했고 본받고 싶은 믿음이 내 속에서 일어났다.

다윗은 어린아이같이 참 순수한 사람이며 늘 정결하려 힘쓰는 모습을 볼 수 있었다.
무엇보다 그는 다 가지고 있는 자로, 다 누릴 수 있는 위치에 있지만 뭐든 시시콜콜 하나님께 길을 물어 일하는 절대 하나님을 신뢰하는

믿음의 사람이었다.

  그런 다윗을 싫어하는 사람은 아마 없다고 생각된다.

  나는 감히 다윗에게 잣대를 들이댈 수조차 없는 쪽박 믿음의 작은 자였다.

  누구든 나에게 피해를 주면 나는 즉시 꼭 갚아 주는 성격의 소유자였다.

  그렇다고 해악을 입힌다는 말은 절대 아니다.

  승부욕이 강하고 피해를 받으면 꼭 갚아 주는 성격이란 뜻이다.

  아직 나의 믿음이 공사 중인 나에게 다윗은 평생을 따라다니며 배우고 본받을 대상이 되었다.

V

하나님은 나의 아버지

14.
하나님은 나의 아버지

2003년, 한참 여름을 지나며 나는 하나의 고통에 사로잡혀 있었다.

어려서 아버지에게 매를 맞으며 억눌린 탓인지 매사에 불안하고 내 앞에 뭔가 안 좋은 일들이 벌어지고 말 것 같은 불안증을 항상 달고 다니고 있었다.

나는 이미 청년 때 하나님을 체험했고 또 지금 교회에서 초창기 4개월 작정기도와 예배로 하나님은 이미 나를 만나 주셨다.

예배와 기도 말씀은 이미 하라는 대로 다 하고 있었다.

새 성전으로 옮기며 벌써 몇 년째 매주 월요일 3.5층 기도굴 기도를 명절 때도 멈추지 않고 하고 있었다.

맡겨진 구역을 위해 교회 전도를 위해 손수 전도지를 만들어 영하 10도의 눈보라 속 밤에서도 전도지를 돌렸다.

하지만 불면증세와 잠을 설치는 일은 은혜와 별도의 문제처럼 여전히 사라지지 않았고 오히려 더 심해질 때도 있었다.

그 불안증세는 가정 생활에도 그대로 나타나 불안증은 완벽증으로 바뀌어 가며 자연히 가정의 평화는 폭언, 욕설로 자주 깨져야만 했다.

차츰 그 정도가 심해지며 나의 고민은 더욱 깊어져 갔다.

나의 이 정신적인 일을 누구에게 속 시원하게 말할 수도 없던 탓에 나는 간혹 하나님을 원망하듯 "하나님 아버지 이거 좀 고쳐 주시면 안 되나요? 아버지 제발 좀 치료해 주시지 왜 그냥 있으세요?" 했다.

그러던 어느 날 나는 신학교 다니는 우리 교회 안영걸 장로님에게 상담하며 내 사정의 말을 전했다.

안영걸 장로님(지금 목사님)은 방배동 정신과 전문의 명함을 주며 말해 놓을 테니 언제든 가서 상담받으라며 나를 위로해 주었다.

그 전문의는 목사님이라고 하며 편하게 가서 상담하라고도 말했다.

명함을 받았지만 나는 쉽게 약속을 잡지 못하고 있었다.

사업이 바쁜 것도 있었지만 그보다 선뜻 찾아가서 정신과 상담을 받는 것이 썩 내키지 않아 차일피일 미루고 있었다.

※

그러던 중 나에게 내년에 교구장 직분을 준다는 소식을 미리 들을 수 있었다.

집사 구역장이 되고 나서 나는 "교구장 꼭 시켜 주세요. 안수집사도 꼭 시켜 주세요. 장로님도 꼭 시켜 주세요."

하고 하나님께 오래도록 이렇게 기도하며 졸랐는데 그 기도를 구역장 4년 뒤 교구장으로 승진시켜 들어주신 것이었다.

하나님께서는 참 힘드셨을 것이라고 생각됐다.

자격도 안 되는데 하고 싶은 건 많다고 다 시켜 달라고 조르고 또 졸라 대니 난처하셨을 거 같았다.

그리고 그해 11월 아내에게 새 생명을 선물로 주셨다.

그 소식은 우리 부부에게 너무나 크고 소중했고 가장 좋은 소식이었다.

1년 전 2002년 월드컵 이탈리아전 16강이 한참일 때 아내는 한 생명이 유산되어 병원에 입원해야 했었다.

그 유산의 아픔이 있은 지 1년 반이 좀 지나서 다시 좋은 소식을 우리 가정에 주신 것이었다.

그리고 11월 부흥성회가 있었는데 마지막 날에 아내의 꿈속에 부흥회 강사 목사님이 나타나셨다.

강사 목사님은 꿈에 나타나 아내를 품에 꼭 안아 주며 어깨를 토닥이면서 "네가 원하는 대로 될 것이다." 하고 꿈에서 깼다며 말하는 것이었다.

아내는 그 당시 길거리를 다니며 남자 아이들만 보면 이뻐서 어쩔 줄 모르고 있었다.

우리 부모님들이 아들아들 했던 영향도 있었지만 아내는 아들에 대한 애착이 유난히 더 강했던 것을 나는 쉽게 느낄 수 있었다.

부흥강사 목사님이 나타난 꿈으로 우리 부부를 아들이란 믿음으로 꿈꾸게 해 주었다.

※

봄 헌신예배, 여름 수련회, 부흥회, 추수감사절까지 다 끝이 나고 새해를 한 달 앞두고 새해 준비로 차분하게 지나가고 있었다.

그리고 나는 12월 한 달을 새벽예배 작정을 하며 12월 1일 새벽예배에 참석했는데 느닷없이 나의 눈물샘이 새벽에 터져 버렸다.

전혀 왜 그런지 이유도 없이 터져 버린 눈물은 그냥 슬펐고 하나님께서는 그냥 회개만을 하게 하고 있었다.

그날은 하루 종일 징징 짜듯 누구든 툭 건드리면 눈물이 흘러내렸다.

그런데 정말 웃기는 건 그다음 날도 눈물이 멈추지 않았다는 것이었다.

도대체 이유를 알아야 무슨 대처를 하든지 할 텐데 전혀 이유를 모르며 그다음 날도 또 그다음 날도 똑같이 회개와 눈물이 나오고 있었다.

나는 하나님께 "이게 무슨 뜻인지는 알아야 대처를 할 거 아닙니까?" 하고 따지듯 기도했지만 하나님은 전혀 대답이 없으셨다.

그렇게 꼬박 한 달 동안을 눈물의 회개는 이어져 계속해 왔다.

그리고 12월 31일 송구영신 예배를 드리는 중에도 나는 여전히 남모르게 눈물을 닦으며 새해를 맞이하고 있었다.

담임목사님(원로)의 새해로 넘어오는 축하가 12시 땡 하며 시작되자 정말 거짓말처럼 눈물과 회개가 딱 멈춰져 버렸다.

너무나 신기한 내 몸의 변화를 느끼며 그렇게 대망의 2004년도를 맞이했다.

※

새해 되기 전 나는 이미 교구장으로 불렸고 직분도 이미 감당하고 있었다.

권사 안수집사님들 사이에서 서리집사로 교구장 직분을 받은 사람은 나 한 사람뿐이었다.

롬 12:11
부지런하여 게으르지 말고 열심을 품고 주를 섬기라

말씀처럼 나는 조금도 게으르지 않았다. 전혀 게으를 수가 없었다.

나는 청소년 때에 좀도둑질도 친구들과 어울려 하기도 했었다.
청년이 돼서는 어떠했는가?.
허다한 싸움질에 후배들의 주머니를 털어 생활하기도 하는 파렴치한이었다.
바로 파출소 옆 아지트에서 우리나라 법으로 금지된 마약 종류 대마초를 상습 흡입으로 일삼기도 했었다.
자취하던 방엔 아침 점심 저녁에 오는 여자애들이 다 달랐다.
옆집 아주머니는 도대체 총각 진짜 애인이 누구냐며 묻기도 했을 정도였다.
물론 그 여자애들이 나만 찾아온 건 아니지만 그처럼 우리 친구들은 못된 짓을 밥 먹듯 하면서 문란하게 살기도 했었다.
나중에 성경에서 보았지만 바로 우리가 소돔과 고모라성의 삶을 살았다는 것을 알게 되었다.

하나님께서는 왜 나 같은 몹쓸 죄인을 선택하신 것일까?

더럽고 추악하고 못된 나였는데 나를 택하셔서 그 지옥 구덩이에서 생명의 빛 안으로 꺼내 주셨다.

그리고 "너를 내가 지명하여 불렀나니 너는 내 것이라"고, "너를 세상 그 무엇도 나에게서 끊을 수 없다고" 말씀으로 도장을 꽝 찍어 두시며 나 같은 죄인을 구원해 주셨다.

> 롬 8:38-39
> 내가 확신하노니 사망이나 생명이나 천사들이나 권세자들이나 현재 일이나 장래 일이나 능력이나 높음이나 깊음이나 다른 어떤 피조물이라도 우리를 우리 주 그리스도 예수 안에 있는 하나님의 사랑에서 끊을 수 없으리라.

이 말씀에서 너무나 큰 견고함을 느끼게 해 주었다.

우리의 어떠한 행실에 달린 것이 아니라 오직 예수 그리스도의 능력과 사랑에 의해서만 우리의 모든 것이 보존되고 지켜지고 이끌어져 간다는 말씀이 확신되어 믿어져 왔다.

어디 그뿐인가?

먹고 입고 사는 것마저 다 책임져 주시는 하나님의 일을 나는 조금 거칠지만 열심히 할 수밖에 없었다.

*

교구장 직분은 참 힘든 직분이었다.

그러나 할 만한 직분이기도 했다.

교구장 첫해 2004년 2월 28일 가양동 현장에서 일하는 식구가 작업하다 쉬는 시간에 쓰러졌다는 급보를 받고 병원으로 달려갔다.

그는 어린 아들 하나에 아내와 셋이서 사는 성실한 사람이었다.

그 사람은 구인 광고를 통해 만나게 되었고 교회에 나온다는 약속을 하고 일하게 된 사람이었다.

그는 약속한 대로 교회를 잘 나와 주었고 구역예배도 드리는 성의를 보여 주고 있었다.

그가 일하는 것은 좀 부족해서 탐탁지 않았지만 교회를 잘 나와 주었고 운전도 해 주었기에 고마운 마음으로 잘 대해 주었다.

그런 그가 쓰러져 사경을 헤맨다는 소식은 나에게 큰 충격이 아닐 수 없었다.

병원에 도착해 보니 그의 아내는 이미 사색이 되어 울고 있었다.

교회에 이 소식이 전해지고 그를 살려 달라고 많은 기도를 했지만 그는 10일 뒤 하나님께서 그대로 천국으로 데려가 버리셨다.

나하고 겨우 8개월 남짓 형 아우 하며 구역 식구로도 잘 지내던 사이인데 그렇게도 너무나 허무하게 데려가 버리신 것이었다.

그는 8개월간의 믿음 생활이 힘든 일을 하며 하기에는 힘들었을 테지만 잘 따라와 주는 성실한 사람이었다.

하나님의 구원의 계획 속에서 나와 만나게 하셨고 나를 통해 그를 믿음 안으로 끌어들이셨다.

그를 구원하는 구원의 계획에 하나님께서는 너무나 감사하게도 나와 나의 직장을 그 큰일에 쓰신 것이었다.

　이제 그의 남은 가족의 생계를 위해 나는 그의 선한 죽음으로 산재를 받게 하기 위해 뛰어다녀야 했다.
　큰 걸림돌이 하나 있었다.
　119에 실려 갈 당시 주머니에서 진통제가 발견됐고 그의 아내가 며칠 전부터 뒷머리가 아프다며 진통제를 복용했다고 병원에다 말하는 바람에 산재에 불리하게 적용된 것이었다.
　그의 그런 상황은 지병에 속하기 때문에 산재가 안 된다는 통보를 이미 받았지만 하나님만이 하실 수 있는 그 일에 나는 기대하며 기도하고 또 기도했다.
　당장 산재가 안 되면 어린 아이와 그의 아내는 생활고에 시달리게 되는 절박함이 기다리고 있었다.

　욥 42:2
　주께서는 못 하실 일이 없사오며 무슨 계획이든지 못 이루실 것
　이 없는 줄 아오니

　그러나 하나님은 그의 가족의 편에서 손을 들어 주셨다.
　못 하실 일이 없으신 분, 못 이룰 일이 없으신 전능하신 하나님께서는 두 달여 시간이 지날 즈음 산재를 받게 하셨다.
　산재처리금 절반은 일시불로 받아 집 이사를 했고 절반은 그의 아내가 죽을 때까지 연금으로 나오도록 하나님은 신경을 써주셨다.

하나님의 부르심과 쓰시는 일에는 한 치의 오차도 없으신 것이었다.

*

2004년 4월 30일 수지현장에서 일하던 중 또 한 번의 급한 전화를 받고 병원으로 달려가야 했다.

임신 6개월을 갓 넘긴 아내의 몸에 양수가 비쳐서 집 주변 큰 병원에 입원을 했다는 것이었다.

병원으로 가는 동안 나는 크게 부르짖어 기도해야 했다.

불과 얼마 전 유산의 아픔을 겪었던 사실을 떠올리며 아내의 꿈에 나타난 강사 목사님의 말도 함께 기도하며 하나님께 매달렸다.

얼마나 기도를 크게 소리 지르며 했던지 병원에 도착했을 때는 목이 다 쉬어 있었다.

아내와 친했던 집사님이 근심 어린 얼굴로 나를 맞이해 주었다.

아내와 언니 동생 하며 지내는 사이였던 집사님은 "지금 병원을 옮겨야 한대요?" 하며 막 병원에 도착한 내게 말하고 있었다.

순간 나는 뭔가 심각함을 직감으로 알 수 있었다.

담당 전문의는 영등포 병원에 양수 비치는 수술로 세계 권위자인 전문의가 있어서 그곳으로 바로 옮겨야 한다는 것이었다.

뭐든 더 생각하고 할 틈도 없이 아내는 앰뷸런스에 타고 나는 그 뒤를 따라 영등포 병원으로 이송되어 달려갔다.

그리고 도착하자마자 바로 수술대에 올라 비치는 양수 부위 수술을 시작했다.

1시간여의 수술은 성공적으로 잘 됐다는 전문의 말에 하나님께 감사하며 한시름 놓게 되었다.

그러나 그 감사함에는 큰 위험과 절대 안정과 어떤 일도 해서는 안 된다는 의사의 진단이 따라왔다.

아내 앞에서는 내색을 할 수 없었지만 나는 먼 곳을 다니며 일해야 했고 초등학생, 중학생 아이들은 엄마의 손이 매일매일 필요한 상황이라 출산까지 몇 개월이 걱정되고 있었다.

그러나 그 감사와 안심과 걱정은 너무나 작은 나 인간의 생각일 뿐 하나님의 생각은 전혀 다른 곳에 있었다.

수요일에 수술받았고 며칠 지나 토요일에 다시 양수가 터져 이제는 어쩔 수 없이 아이를 출산해야 한다는 것이었다.

담당 주치의는 아이가 너무 작아 생사를 장담할 수 없는 절체절명의 순간이 올 수도 있다며 나를 긴장 속에 몰고 있었다.

교구 김종현 목사님과 안영걸 장로님도 병원에 오셔서 함께 기도하며 힘이 돼 주었고 교회에서는 긴급 특별기도가 시작되었다고 나에게 전해 주었다.

아내는 토요일 오후 5시에 분만실로 들어가 출산을 시작했다.

칠삭둥이도 위험하다는데 6개월 25일 만에 태어날 작은 아이가 잘 살아 줄지 잘 견뎌 줄지 모든 것은 아이의 의지에 달렸다고 주치의가 말하고 있었다.

나는 그 말을 들으며 마음이 무너져 내리고 있었다.

이제 나에게는 오직 한 분, 전능하신 하나님 한 분 외에는 이 세상에 그 누구도 그 무엇도 아무것도 없었다.

생사화복을 주관하시며 모든 생명들과 미물들까지도 통치하시는 만유의 구주 예수 그리스도밖에는 없다고 믿으며 기도하기 시작했다.

아이는 초음파 검사 결과 탯줄이 가랑이에 걸쳐져서 성별을 전혀 구분 못 했지만 아들이든 딸이든 건강하게 낳는 것만이 전부가 되어 버렸다.

그 비보를 듣고 달려온 교구 김종현 목사님은 병원 벽에 기대어 기도하며 태어날 아이의 이름을 "주님께 영광" 주영이라고 지어 주었다.

나는 롤러코스터를 타듯 불안했다 좋았다 하며 전혀 안정이 되지를 않았다.

믿음을 잃지 않고 믿으려고 노력했지만 한편에서 밀려오는 불안은 물밀듯이 밀려와 나를 괴롭히고 있었다.

시간은 출산에 별 소식 없이 흘러 밤 11시가 넘어가고 있었다.

다음날 주일예배를 위해 목사님 장로님은 다 집으로 돌아가고 어머니와 나, 산통 중인 아내만 남아 있었다.

그리고 나는 새벽에 기도하면서 비로소 마음의 평안을 찾을 수 있었다.

나는 그 새벽에 하나님과 나와의 사이에 아무도 없다는 것을 다시 깨달았다.

지난 수많았던 설교들과 간증들에서 하나님은 나의 손을 잡고 계셨다고 들었던 것처럼 하나님 아버지는 바로 내 앞에서 병원을 이리저리

다니신다는 느낌이 들었다.

　태어날 아이를 절대 혼자 두지 않으신다는 확신은 나를 너무나 차분하게 하고 있었다.

　나는 죽은 자도 살리시는 하나님의 능력을 말하며 "그 능력을 이 시간 보여 주세요" 하고 기도했다.

　하나님은 말씀 한마디 한마디로 세상을 창조하신 전능하심을 여기에서 지금 보이셔서 우리 가정에 아이를 귀한 선물로 보내 주시라고 기도했다.

　아내의 분만을 돕던 간호사는 무조건 자연분만해야 한다며 아내를 독려하며 고군분투하고 있었다.

　둘째 딸아이를 이미 제왕절개 수술로 낳아서 자연분만이 어렵다고들 했지만 담당간호사는 우리 한번 해 보자고 우리 부부에게 용기를 주고 있었다.

　나는 그 간호사마저 하나님께서 이미 예비해 두신 사람이란 생각이 들었다.

　12시간 산고의 고통을 이어 오던 거룩한 주일 새벽 4시 좀 지난 그 시간에 사내 녀석이 들릴 듯 말 듯 아주 작은 울음을 터트리며 세상 많고 많은 가정 중에서 우리 부부와 두 딸들이 있는 우리 집에 와 주었다.

　어머니는 "뭐냐? 아들이냐?" 하고 물었다.

　"네 아들 맞아요."

"울었냐?"

간호사가 아이가 태어나 우는 것이 제일 중요하다고 했기에 어머니는 나에게 물었다.

"네 울었대요."

"하나님께서 살려 주시면 좋겠다."

간호원이 아이를 강포에 싸기 전에 보여 주었다.

진짜 내 주먹보다 작은 녀석은 팔다리를 휘저으며 들릴 듯이 너무나 작은 소리로 여전히 울어 주고 있었다.

마치 자신의 존재를 세상에 알리기라도 하듯 팔다리를 휘저으며 작은 소리로 우는 모습을 보던 어머니는 옆에서 연신 "하나님이 살려 주시면 좋겠다 야" 하며 기도하고 있었다.

간호사는 아이가 지금 위험한 고비를 넘기고 있는 중이라며 내게 출산 서류에 사인하기를 원했다.

나는 여러 군데 사인하고 병실에서 아내를 위로하며 교회에 가서 7시 1부 예배드리고 오겠다고 새벽 5시 30분쯤 집으로 향했다.

아내는 예배를 위해 간다는 나를 온갖 서운함과 서러움과 원망의 눈으로 바라보고 있었지만 나는 생사를 주관하시는 하나님께 감사함으로 예배는 꼭 드리고 싶었다.

지금 상황은 전혀 다른 대안도 없었고 나는 철저하게 하나님께 의지해야만 하는 상황인 것이었다.

영등포에서 40분 거리인 집으로 가기 위해 올림픽 도로에 들어섰을 때 아침 햇살이 따뜻함과 포근함을 동반하며 차 안으로 가득 들어왔다.

그 햇살은 하나님께서 주시는 평안과 함께 내 온몸을 감싸며 살려 주신다는 확신까지 주시며 내 온몸과 마음에 가득 들어온 것이었다.

나는 다시 한번 녀석을 살려 주신다는 확신으로 예수님을 찬양하기 시작했다.

어느새 내 눈가에 눈물이 주르륵 흘러내렸고 감사의 찬양이 햇살 속을 지나 하나님께 상달되어 올라감을 느낄 수 있었다.

집에 도착해 조용하고 엄숙한 모습으로 딸아이들에게 설명하고 간밤에 걱정 근심으로 몸에 찌든 모든 불신들을 말끔하게 씻어 냈다. 옷을 다려 입으며 나도 모르게 하나님을 찬양하는 찬양이 흥얼흥얼 불려지며 감사가 밀려 들어왔다.

*

7시 1부 예배는 나를 위한 예배였다.

예배 중의 모든 말씀이 살아서 내 가슴에 모두 다 들어와 주었다.

나는 예배 중에도 아들 녀석을 살려 주신다는 확신으로 가득 차는 예배를 감사와 기쁨으로 드릴 수 있었다.

예배 후 동료 교우들은 나에게 다가와 모든 상황을 듣고 싶어 했다.

나는 그간의 전후 사정을 교우들에게 다 말해 주며 기도를 부탁했다.

막 9:29
이르시되 기도 외에는 다른 것으로는 이런 종류가 나갈 수 없느니라 하시니라 이미 교회 전 교우들이 아들 녀석을 위해 기도하고 있었다. 나와 우리 가족에겐 기도 이외에는 다른 대응 방법이 전혀 없었다.

할 수 있는 것이라곤 기도 부탁이 전부였다.

나는 9시 2부 예배에도 교회 로비에 서서 교구 식구들을 맞이하며 인사를 하고 있었다.

일반 상식으로는 이해할 수 없는 나의 행동이었지만 나는 의연하고 태연하면서도 침착해지려고 노력했다.

나의 그런 모습에 집사님 권사님들이 "병원에 안 가냐"고, "가 봐야 하지 않냐"고 물었다.

그것은 지극히 당연한 질문이었다.

생사의 위험한 고비를 넘나들고 있는 내 주먹보다 작은 녀석을 위해 달려가서 "아빠가 네 옆에 있단다 힘내라"하며 잘 견디라고 말하고 싶었다.

그러나 나는 부족하지만 하나님의 일을 하고, 하나님은 그 크고 위대하신 그 능력으로 내가 할 수 없는 아들의 생명을 지켜 달라고 기도하는 중이었다.

그 사이 아내에게서 병원에서 전화가 계속 걸려 왔다.

지금 아이가 위험하니 아빠의 싸인이 있어야 무슨 조치든 한다는 것이었다.

아내에게 아이에게 정말 미안했지만 나는 그래도 내 직분을 다할 때까지 병원으로 갈 수가 없었다.

내가 교구장 직분을 뒤로하고 병원을 가서 아이가 살 수만 있다면 백 번 천 번이라도 가고 싶었다.

그러나 내 생각 속에 아이의 생사는 오직 전능하신 하나님의 손에 있다는 믿음으로 가득 차 있었다.

그 믿음은 어디서 왔을까?

분명 그 믿음은 내게는 전혀 없는 믿음이며 나는 그럴 만한 존재가 절대 될 수 없는 작은 자였다.

내 인생의 절체절명의 순간이 될 수 있는 지금 이 순간 나는 세상에서는 전혀 이해될 수 없는 특별한 싸움을 싸우도록 하나님께서 무장시켜 주신 것이었다.

이런 모든 것은 사람으로는 알 수 없는 하나님의 영역에서만 일어나는 신비한 것이었다.

그런 나를 바라보며 동료 교우들은 눈물을 흘리는 사람도 있었다.

그 상황이 나에겐 처절한 몸부림이었기에 옆에서 그 모습을 보는 것은 충분하게 그렇게 보였을 것이었다.

※

그렇게 1부 2부가 지나고 3부 예배가 시작되며 교구 식구들을 다 맞이해 인사했을 때 병원에서 다시 연락이 왔다.

"아버님, 아이가 지금 위험한 고비를 넘겼으니 천천히 오셔도 됩니다."

나에게 너무나 감격스런 말이었다.

그 말은 마치 천상의 소리, 바로 천사의 소리처럼 들려왔다.

그 전화에 난 감격했고 감정이 복받쳐 올라 화장실에 뛰어 들어가 숨죽여 오열해야 했다. "하나님 아버지 감사합니다. 감사합니다."

감사 감사 외치며 하염없이 눈물이 솟구쳐 올라왔다.

하나님께서 하시는 일을 보면서 고비 고비마다 뼈를 깎는 고통이 따르지만 넘기고 넘어와 보면 결과와 함께 하나님의 섭리가 그 속에 있었음을 알게 해 주셨다.

만일 내가 교회에 오지 않았다면 그냥 병원에서 기도하며 내 뜻이 들어간 그대로의 결과라면 과연 어땠을지 나는 너무 두렵고 떨리는 마음이 들었다.

나는 3부 예배 시작했을 때 고비를 넘겨 준 아들 녀석이 있는 병원으로 달려갔다.

아내 역시 하나님께서 아이를 살려 주실 것을 믿고 있었다고 말해왔다.

어디서 그런 믿음이 내려왔는지 그냥 믿어졌다고 말하며 감사의 눈물을 흘리고 있었다.

아내는 어쩌면 그렇게 믿어야만 했을 것이었다.

세상 모든 엄마들은 이런 상황에서 더구나 신앙인으로서 그렇게 믿는 것은 당연하겠지만 선택의 여지가 없기도 했었다.

하나님은 그렇게 궁지에 밀어 넣으시고 믿음의 반응을 하나님의 방식대로 하게 하신 것이었다.

그날 오후예배 후 담임목사님(원로)께서 병원에 심방을 와 주었다.

함께 온 성도들의 숫자가 너무 많아 병실에 다 들어오지 못하고 복도에 서서 우리 부부를 위로해 주었다.

병원 간호사는 병원에 처음 이렇게 많은 사람이 병문안을 왔다며 크게 놀라고 있었다.

2004. 05. 02. 주일은 나의 주먹보다 작은 960g의 아들 녀석이 6개월 25일 날짜로 12시간의 산고의 고통을 잘 이겨 내며 엄마의 태를 박차고 세상에 태어났다.

주치의는 최선을 다하겠지만 지금으로선 결과를 예측할 수 없다며 우리 부부에게 조금 비관적으로 말해 주었다.

또 얼마나 오래도록 인큐베이터 안에 있어야 하는지도 모른다며 오랜 싸움을 예고해 주었다.

나는 생각했다.

오랜 시간과의 싸움은 예배와 기도 말씀으로 이겨 내면 된다는 생각이 들었다.

그 누구도 대신할 수 없는 싸움의 끝은 오직 전능하신 하나님만이 아시며 계획하신 대로 그 끝을 마무리하실 것이라 생각하며 믿어졌다.

15.
생사화복

 아들 녀석이 태어난 다음 날 월요일 아침, 병원에 있는 아내에게 아이가 밤사이 잘 견뎌 주었다고 전해 듣고 마음에 잔잔한 평안이 찾아왔다.
 "거룩 거룩 거룩 전능하신 주님" 찬송이 내 입에서 불려지며 가슴이 뜨거워지고 있었다.

 아내가 필요하다는 옷가지 등을 챙겨 아내가 있는 병원에 가려고 준비하며 너무나 많은 일들이 있었던 지난 1주일의 내 삶을 다 돌아봐도 한 번도 없었던 큰일들의 연속이었다.
 그 시간들이 모두 촌각을 다투는 긴박한 상황이었다는 것이 더 힘들었다.

 아내 뱃속의 아이 이상 문제로 병원에 입원했다는 소식은 큰 해머로 머리를 맞은 충격이랄까? 너무나 큰 충격이었다.
 내 차로 일하는 식구들을 퇴근시켜야 하는 먼 거리를 대중교통으로 퇴근해 달라 부탁하고 누구를 생각하고 할 틈도 없이 즉시 병원으로 달려갔다.

달리던 도로에는 웬 차들은 그리도 많이 나와 막히는지 한시가 급했던 내게는 한 달, 일 년 같은 시간이었다.

그동안 차 안에서 수없이 많은 기도를 했었지만 그날처럼 그렇게 혼신의 힘을 다해 나의 모든 것을 쏟아부어 부르짖은 기도는 처음이었다.

온몸이 뜨겁게 달아오르고 가슴이 터질 듯 목청이 곧 터져 버릴 듯 내 생에 가장 크고 가장 간절하게 기도하며 "제발 아내와 아이가 무사하게 해 주세요." 하고 기도했다.

그렇게 지난 5일간 나의 모든 일상에서나 교회에서도 긴박하긴 마찬가지였다.

우리 교회 모든 성도들도 함께 힘을 모아 기도하여 하나님께 올려드렸다.

앞으로도 얼마나 오랫동안 힘겨운 싸움을 하며 기도해야 할지 전혀 알 수 없는 긴 시간에 대비해 나는 차분하고 담대해야 한다고 생각했다.

※

아내에게 가려고 준비하고 있는데 전화가 한 통 걸려 왔다.

어제 주일 저녁 여러 성도들과 함께 병원에 찾아와 위로해 주었던 김 집사 구역장에게 전화가 오고 있었다.

한 교구에 총 6명의 구역장과 교구장인 나 1명 해서 총 7명이 한 교구로 편성되어 있는 그중에 한 구역장이 아침에 전화를 걸어 온 것이었다.

"교구장님 안녕하세요."

전화 속 목소리는 의외로 구역장 아내의 목소리가 들려왔다.

"아~ 집사님 안녕하세요."

어제 일찍 태어난 아이에 대한 위로 통화일 거라고 당연하게 생각하며 받았다.

"교구장님, 좀 전에 애들 아빠가 하늘나라로 떠나갔습니다."

나는 내 귀를 의심했다.

"네~ 에~?"

나는 너무 뜻밖의 말에 괴성을 지르며 놀라 버리고 말았다.

잠시 침묵이 흐르고 다시 부인 집사님이 차분하게 말을 시작하고 있었다.

"아침에 나는 부엌에서 밥하고 있었는데 아이들이 '엄마 아빠가 이상해' 하며 소리가 나서 뛰어 들어가 보니 남편은 이미 움직임이 멈춘 상태였습니다. 119를 불러 응급실로 달려갔지만 이미 숨을 거둔 상태였구요."

부인 집사님은 말끝에 흐느낌 소리와 절망이 섞인 목소리는 모든 것이 다 무너져 내려 있었다.

그도 그럴 것이 아이들은 아직 어리고 아내는 병약한 상태의 처지였다.

남겨진 삶의 고통은 오롯이 그의 병약한 아내의 것이 되어 있으며 아직 어린 자매들은 어쩐단 말인가? 너무 갑작스럽게 절망적인 상태가 돼 버린 것이었다.

급히 교회에 구역장 김 집사 부고를 알리고 병원 응급실로 달려갔다.

어제 주일 저녁만 해도 병원을 찾아와 환한 미소를 지으며 나를 위로했던 구역장 김 집사는 싸늘한 주검이 되어 나를 맞이하고 있었다.

이런 상항을 어떻게 표현해야 하며 구역장 아내에게 무슨 말을 해야 할지 아무것도 떠오르지 않았다.

우리는 강하고 큰 존재인 것처럼 생각하지만 죽음 앞에 서면 아무것도 아닌 존재가 돼 버린 것이었다.

뇌 속에 있는 가장 작은 실핏줄 하나 잘못돼도 반신을 못 쓰는 허약함을 우리는 가지고 있었다.

그 모든 것을 만드신 하나님의 위대하심을 다시 한번 생각하게 해주며 하나님의 절대 주권이신 위대하심 앞에 나는 아무런 말도 생각도 할 수가 없었다.

불시에 떠난 구역장은 나이 30대 중반의 누구보다 신실하고 근면 성실한 사람이었다.

직장 일이 늘 바빠 예배에 소홀하게 될 때 하나님께 죄지은 마음이라며 늘 고개 숙여 죄송해했다.

나는 교구장으로서 그의 믿음 생활에 조금이라도 돕고 싶어 얼마 전 끝난 헌신예배 기간에 면목동 집까지 태워다 주며 둘만의 시간을 나누었다.

나는 그때에 김 집사의 바른 생활과 바른 믿음을 엿볼 수 있었다.

나는 그의 말과 행동에서 여러 가지 배울 점을 발견했고 그에게 배우기도 했다.

김 집사 그는 그런 신실함으로 교회, 일, 집. 이 테두리 안에서 벗어나지 못하며 좀 더 나은 미래를 위해 열심히 삶을 살아내고 있었다.

누구나 그렇지만 그도 가족을 정말 많이 사랑하는 사람이었다.

그에게 허락된 두 딸과 아내를 늘 아끼며 사랑하는 모습을 나는 언제나 쉽게 볼 수 있었다.

그의 가정과 직장에서의 성실함은 자연스레 동료 성도들에게도 칭찬받고 인정받는 올곧은 사람이었다.

인간의 짧고 부족한 생각으론 이런 구역장은 가족과 함께 오래도록 행복하게 살아갈 거라고 누구나 생각했을 것이다.

그러나 생사화복은 하나님의 절대 주권이며 우리 생각과 하나님의 생각은 전혀 다를 수밖에 없는 것이었다.

장례를 치르는 동안 많은 생각을 했다.

하루 한 치의 앞도 모르는 나약한 존재가 바로 우리 인간이었다.

어제 저녁에 밝은 모습으로 찾아와 "교구장님 힘내십시오. 하나님께서 지켜 주십니다. 기도하겠습니다." 그렇게 말하며 나를 위로해 주던 사람이었는데, 하룻밤 사이에 하나님은 김 집사를 본향 하늘나라로 데려갔다.

누구보다 건강하고 활기찬 사람 중에 한 사람이었는데 다음 날 아침 심장마비라니 뭐라 표현할 말이 떠오르지 않았다.

그는 그렇게 교회와 우리에게 큰 아쉬움을 남겨 두고 오직 기쁨만 있는 하늘나라로 불려 올라갔다.

생사화복의 주인은 오직 하나님 아버지에게만 있다는 사실을 우리에게 확인시키며 그를 영원한 안식처 천국으로 데려가신 것이었다.

16.

960g+10g

구역장 장례장에서 집으로 다시 돌아와 짐을 챙겨 아내에게 도착했다. 밤사이 아들 녀석은 무사하게 잘 견뎌 주었다고 아내가 말했다.

지난밤 대형 유리관을 통해 인큐베이터에 있는 아들 녀석을 볼 수 있었다.

눈도 못 뜨고 코에는 산소줄, 팔에는 주삿바늘을 꽂고 있었다.

작은 몸에 꽂혀 있는 산소줄과 주삿바늘은 우리 부부를 더욱 마음 아프고 슬프게 만들었다.

조금의 움직임도 없는 아이를 품에 안은 간호원이 우리 앞으로 가까이 다가와 보여 준 아이의 모습은 새근새근 힘겨운 듯 숨을 몰아쉴 때마다 작은 움직임으로 힘겨워 보였고 그 모습이 너무 안쓰러워 아내는 울고 있었다.

과연 저렇게 작은 생명이 혼자서 잘 이겨 내고 우리 품으로 올 수 있을까? 하는 의구심도 내 안에 조금 일어나고 있었다.

그만큼 아이의 현 상태는 전혀 예측할 수 없는 상태였다.

우리 부부는 아이를 바라보며 너 혼자가 아니란 것을 말해 주었다.

생사화복의 주인이신 하나님께서 네 옆에 계시고 엄마 아빠도 항상 기도하며 네 옆에서 하나님께서 잠시도 떠나지 않도록 기도로 거기에 계시게 하겠다고 말해 주었다.

태어난 지 이제 하루 지났고 혼자서는 고개조차 가누지 못하는 그 작은 몸이 어떻게 자신의 생명을 지켜 내 줄지 안쓰러워 견딜 수가 없었다.

내 손바닥을 펴면 다 가려지는 960g의 작은 아이를 응급실 인큐베이터 안에 혼자 두고 돌아설 수가 없어 면회 시간이 지나서도 아내는 울며 아이를 바라보고 있었다.

그래도 다행이라면 아내의 몸 상태는 좋다는 것이었다.

자연분만한 탓이라 그런지 2일 후 퇴원 날짜도 잡혀 있었다.

아내 퇴원 전 주치의에게 아이에 대해 어떤 결론적인 얘기를 전혀 들을 수 없었다.

시간이 지나며 아이가 잘 견뎌 주어야 한다는 통상적인 말밖에는 들을 수가 없었다.

월요일에 구역장 소천으로 종일 마음이 불편해야 했다.

아내가 있는 병원에도 오가며 정말 만감이 교차하는 하루를 보내고 화요일 오늘은 아내가 퇴원하는 날이었다.

퇴원 전 우리 부부는 아들 녀석을 면회하며 인큐베이터 안에 손을 넣어 녀석을 만져 볼 수 있었다.

주먹을 쥔 손은 내 엄지손가락보다 작았고 눈은 뜨지 않은 상태로 꼬물꼬물 작은 움직임을 보여 주고 있었다.

작은 숨을 약간 거칠게 쉬고 있었고 새록새록 잠들어 있었다.

그 잠 속에는 무엇이 있으며 어떤 꿈을 꾸고 있을지 너무 궁금했다.

손바닥을 펴면 아이 모습이 이내 가려질 정도로 작고 약한 모습으로 생명을 이어 가는 녀석을 바라보며 나는 나보다 훌쩍 큰 아들의 장정 모습을 그려 보며 생각했다.

"작게 태어났지만 잘 이기고 나와서 큰 사람이 되거라. 너로 인해 수많은 사람들이 먹고살게 되는 큰 지도자가 되거라." 하고 조용히 기도해 주었다.

"너는 절대 혼자가 아니란다. 너에게는 천지를 지으신 여호와 하나님께서 지키시고 계실 것이니 잘 이겨 내 다오."

작은 생명을 인큐베이터에 두고 집으로 가야 한다는 사실 앞에 아내는 "아휴 어떡하니? 너 혼자라서 어떡하니? 잘 견뎌서 엄마랑 집에 빨리 가서 살자."고 말했다.

아내의 두 눈에서는 이미 뜨거운 눈물이 하염없이 흘러내리고 있었다.

그 모습을 보며 어느새 내 눈가에도 눈물이 흐르기 시작했다.

병원을 나오며 몇 번을 멈춰 서며 뒤돌아보는 아내는 떨어지지 않는 걸음을 억지로 걸으며 돌아보고 또 돌아보았다.

그런 모습은 아무것도 할 수 없는 엄마의 무력함이며 너무 작고 초라한 모습이 그 속에 다 들여다보였다.

이런 상황 앞에 정말 할 수 있는 일이 아무것도 없다는 것은 무력함과 허탈함이었다.

부모로서 뭘 해야 할지도 떠오르지 않았다.

우리 가족에게 오직 한 분, 전능하신 하나님 한 분밖에는 아무도 없었다.

하지만 하나님 한 분이면 세상의 모든 것을 다 이긴다는 사실 앞에 그저 감사할 뿐이었다.

죽은 자도 살리시는 예수그리스도의 말씀에 의지하여~

요한복음 11:43-44
이 말씀을 하시고 큰 소리로 나사로야 나오라 부르니
죽은 자가 수족을 베로 동인 채로 나오는데 그 얼굴은 수건에
싸였더라 예수께서 이르시되 풀어 놓아 다니게 하라 하시니라

"나사로야 나오라"

예수 그리스도께서 큰 소리로 부르시니 죽은 나사로가 걸어 나왔다.

나는 이 말씀이 오롯이 다 믿어졌다.

안 믿어지는 마음이 조금이라도 있었다면 믿음 없음을 도와 달라고 눈물로 기도했을 것이었다.

그러나 하나님의 아들 예수그리스도의 모든 권세와 능력과 십자가에 못 박혀 죽으심을 믿는 믿음이 내 안에 가득하게 차 있음이 너무도 감사했다.

하나님의 아들 그리스도께서 아들 녀석의 약함을 강함으로 바꾸어 주실 것을 믿으며 우리는 집으로 향했다.

아내는 집으로 돌아가는 1시간 내내 말없이 뒷좌석에 앉아 울고만 있었다.

나는 뭐라 위로의 말을 할 수가 없었다.

15살 중학생, 12살 초등학생 두 딸들에게도 이 일은 감당하기 힘겨운 일이 되어 있었다.

집에 도착한 엄마를 부둥켜안고 두 딸들은 오래도록 슬퍼하며 오열하였다.

"하나님 우리 동생을 집으로 빨리 보내 주세요." 하고 기도했다며 딸아이가 "엄마" 하며 다시 소리 내어 울고 있었다.

그렇게 가족은 작은 생명의 기약 없는 생사와의 싸움을 시작하게 된 것이었다.

그 끝의 시점을 알 수만 있다면 그 싸움은 좀 더 견뎌 낼 수 있겠지만 전혀 알 수 없는 어둠 속의 싸움이었다.

우리는 1주일에 화, 목 두 번씩 오전 10시 30분 면회 시간에 맞추어 병원에 찾아가기 시작했다.

나는 아무리 일이 바빠도 면회 시간에 맞추는 일을 거를 수가 없었다.

그것은 나에게 하나의 사명과도 같았다.

아내를 위해서도 아이를 위해서도 단 한 번이라도 빠질 수가 없었다.

무엇보다 하나님께 우리의 간절한 모습을 보여 드리는 것은 우리 몸으로 드리는 기도라고 생각했다.

  사실 화목 시간을 매주 낸다는 것은 사업을 하던 나에게 결코 쉬운 일은 아니었다.

  큰 통유리 안에 혼자 힘으로는 고개조차 돌리지 못하는 나약한 존재의 녀석은 인큐베이터에 실려 우리 앞에 나타나 주곤 했다.

  손만 뻗으면 맞닿을 거리지만 아이를 자주 만질 수 없는 이 비통함은 하나님만 믿고 따르도록 짜여진 각본인 것 같았다.

  시간이 지나면서도 우리에게는 하나님에게 의지해야 할 뿐 다른 대안은 전혀 나타나지 않음이 더욱 선명해지고 있었다.

  힘겨운 싸움을 잘 이기게 해 주셔서 이 기약 없는 싸움에서 아이를 집으로 데려갈 수 있도록 해 주시라고 간절하게 기도할 수밖에 없었다.

  그렇게 하루 이틀 한 달 두 달 시간이 지나며 녀석은 여러 차례 생사의 고비들을 맞이하며 그때마다 잘도 넘겨 주었다.

  그때마다 우리 가족은 온전히 기도에 힘쓰며 하나님께만 매달려야 했다.

  그렇게 힘겨운 생명을 연명하던 녀석은 그동안은 주사를 통해 영양분을 섭취했지만 이제부터는 이유식을 조금씩 먹여 볼 거라며 희망적인 소식을 들었을 때 우리 부부와 딸들은 감격하여 눈물을 흘렸다.

  그날 집으로 돌아오는 길은 마치 아이가 다 나은 듯 하나님께 감사하며 아내는 울고 있었다.

*

    6개월 25일 만에 태어난 녀석에게 또 다른 시련이 다가왔다.
    너무 일찍 태어난 아기들은 눈의 시신경이 다 자라지 않은 상태여서 그 신경이 잘 자랄 수 있도록 시신경 수술을 해야 한다는 가슴이 철렁한 소리를 주치의가 들려주었다.
    한쪽 눈을 먼저 수술하고 1주일 후 다시 한쪽 눈을 수술해야 한다는 것이었다.
    그 수술을 하지 않으면 아이가 자라면서 실명할 수도 있다는 말은 우리 부부를 다시 두려움과 슬픔의 나락으로 끌어내렸다.
    무엇보다 다행인 것은 그 수술하는 기계가 독일산인데 우리 아이가 태어나기 얼마 전 수입되어 들어온 국내 유일한 기계라는 것이었다.
    주치의는 우리 아이는 하늘이 돕는 행운아라고 하며 최선을 다하겠다고 우리 부부를 안심시켜 주었다.
    "여호와 이레" 하나님은 그의 힘과 능력과 지혜로 모든 것을 알고 계획하며 모든 것을 미리 예비하셨음을 나의 두 눈으로 목격하는 순간이었다.
    하나님은 이미 모든 것을 미리 아셨고 하나님의 시간표 대로 조정해 두셨다는 것을 알게 해 준 것이었다.

    나는 그때부터 이 말씀 구절을 입에 달고 살기 시작했다.

    잠 3:5-6

5. 너는 마음을 다하여 여호와를 신뢰하고 네 명철을 의지하지 말라
6. 너는 범사에 그를 인정하라 그리하면 네 길을 지도하시리라

어디를 가든 무엇을 하든 하나님께 기도하며 신뢰하며 "길을 가르쳐 주세요" 하고 말씀에 의지하기 시작했다.

나는 이때부터 말씀의 능력이 얼마나 크고 힘이 있는지 조금씩 느껴 가기 시작했다.

한쪽 눈 시신경 수술하고 또 한쪽을 수술하는 주간에 충북 괴산 학생연수원 3박 4일 교구 수련회가 잡혀 있었다.

아내는 나 혼자 수련회를 가고 자기는 아들 녀석 눈 수술하는 병원에 가겠다고 의논해 왔다.

그러나 나는 단 1초의 망설임도 없이 단호하게 안 된다고 말해 버렸다.

아들 녀석에 대한 모든 것 생사화복은 오직 전능하신 하나님에게만 있으니 우리는 우리에게 맡기신 직분을 잘 감당하면 된다고 말했다.

하나님을 우리가 절대 신뢰하며 범사에 인정해 드리면 다 되는 것이라고 우리는 우리 일을 하자고 강한 확신으로 아내에게 말했다.

아내는 말없이 이해하기 힘들다는 듯이 나를 바라만 보았다.

나는 아내의 그 슬픈 눈빛을 오래도록 마음에 새겨 두었다.

나는 정녕 하나님에게, 교회에 미친 자인가?

나의 이런 믿음이 과연 정당하며 그 믿음대로 될 수 있단 말인가?

잠시 때때로 의구심이 들어와 나를 괴롭힐 때도 있었다.

그러나 그런 건 생각일 뿐 나는 처음 먹은 믿음대로 밀고 나갔다.

아내는 수련회 중인 화요일, 아이의 수술 시간에 맞추어 막내 동생 집사의 운전으로 서울 병원을 다녀왔다.

물론 나에게는 말하지 않고 다녀왔다.

말했다면 분명 못 가게 했을 것이 뻔했을 것이지만 장로님에게 살짝 말하고 다녀왔다는 것을 나중에 알 수 있었다.

병원에 다녀온 아내에게 수술은 어찌 됐냐고 물었더니 "잘 됐대" 하며 약간 퉁명스럽게 대답했다.

돌아서며 나는 혼잣말로 중얼거렸다.

"나라고 가서 기도하며 응원하고 싶지 않았겠어? 얼마나 가고 싶었는데?"

사실 나도 가고 싶은 마음이 너무 간절했다.

병원에 가서 아이가 못 알아듣더라도 곁에서 응원하며 힘이 되어 주고 싶었다.

그러나 아이의 생사는 그런 것보다 훨씬 위에 있는 영적 다툼 중에 있다고 믿어졌다.

그러기에 나는 만유의 주재 우주 통치자 모든 영적 세계의 주인이신 하나님께 의지할 수밖에 없는 것이었다.

우리 교회에 우리와 처지가 비슷한 두 가정이 있었다.

그리고 아내가 알고 있는 한 가정도 우리와 비슷한 환경이었다.

우리 교회 집사님의 자녀들은 둘 다 장애자이며 정상이지 않았다.

나는 그래서 더 하나님을 의지해야만 했다.

그 가정을 감히 뭐라고 말할 수는 없지만 내 아들은 어떡하든 장애를 피하게 해 주고 싶은 마음이 강하게 자리 잡고 있었다.

우리 아들을 정상으로 키워서 우리에게 보내 줄 곳은 병원도 의사도 아닌 바로 하나님뿐이었다.

그러니 내 마음속에 이미 다른 대안은 없다고 확신하고 있었으니 다른 말이 더 필요치 않았다.

이런 내 행동은 누구를 위해서가 아니라 바로 나 자신과 우리 가족을 위해서였다.

만일 이런 확신을 무시하고 병원을 의지하고 의사를 의지하다 아이가 정상이지 못하면 그때는 이미 후회해 봐야 아무 소용이 없는 것이었다.

지금 내가 할 수 있는 일은 오직 하나님의 능력으로 아이가 보호받고 고침받는 길이 유일한 길이라는 확신으로 가득 차 있었다.

※

수련회 중 캠프파이어가 계획된 그날 오후에 폭풍우가 그 산골짜기에 쏟아지고 있었다.

수련회의 대미를 장식해야 할 캠프파이어는 포기하고 실내에서 하는 프로그램으로 바꾸자는 건의에 긴급 회의를 시작했다.

그러나 교구를 담당하는 안영걸 장로님은 하나님을 체험할 좋은 기회라고 그냥 진행해서 하나님이 하실 일을 보자며 강행 의지를 강하게 내보였다.

저녁이 되며 비는 더욱 거세졌고 행사를 해야 하는 운동장에는 이미 빗물이 발목까지 차올라 있었다.

그러나 안영걸 장로님은 실내에서 기도를 이끌며 기도의 힘을 강조하며 모두의 마음을 모으려고 더욱 기도를 강조하였다.

우리는 촛불을 들고 나갈 것이니 전능하신 하나님께서 비를 멈추어 하나님 살아 계심을 나타내 달라고 모두의 기도를 이끌어 내고 있었다.

기도 중에도 더욱 거세지는 빗소리에 실눈 뜨고 밖을 보는 사람들이 대다수 있었다.

나도 그중의 한 사람이었다.

아들 녀석에 대한 나의 믿음은 뭐고 안영걸 장로님이 지금 이끄시는 이 믿음은 전혀 다른 것인가?

강대상을 두드리며 기적을 보여 달라며 부르짖는 장로님을 생각하며 그 인도에 조금씩 빠져들어 갔다.

촛불을 종이컵에 끼워 하나씩 손에 들고 기도하며 맨 앞에 선 사람이 밖으로 나가려 할 때 정말 거짓말처럼 비는 멈추기 시작했다.

좀 전까지 쏟아지던 비는 서서히 멈추기 시작했고 비의 잔량이 남아 있지만 하늘의 비구름은 기도의 힘에 밀려 나가고 있었다.

그 광경을 보며 곳곳에서 흐느끼는 소리가 들리더니 모두가 그 감격적인 상황에 감사의 눈물을 흘리게 되었다.

나를 참된 신앙인으로 이끌어 주던 또 한 분의 박현범 장로님의 말이 떠올랐다.

내가 믿음 없는 말을 할 때면 "집사님, 내가 믿는 하나님과 집사님이 믿는 하나님이 다른가?" 하고 나의 믿음 없음을 깨우쳐 주곤 했었다.

장로님의 그 말은 믿음으로 어떤 일을 구하면 그 일이 하나님께 합당하다면 즉시 이루어진다는 말이었다.

다들 큰 비에 캠프파이어는 무리라고 했을 때 딱 한 사람 교구를 이끄시는 안영걸 장로님의 확신하는 그 믿음 하나면 하나님은 거기에 믿음으로 반응하시고 바로 역사하신다는 것을 알게 되었다.

비록 바닥은 조금 질척거렸지만 하늘은 멀쩡해져 비는 더 이상 오지 않았다.

하나님께서는 하나님의 능력을 나타내실 때 많은 사람이 필요치 않으신 것을 깨달았다.

확신에 찬 믿음의 한 사람이면 그곳에 역사하신다는 것을, 그 자리에서 절대 하나님을 신뢰하던 장로님의 믿음에 화답하신 것이었다.

*

그렇게 우리 부부는 수련회 마친 다음 날부터 다시 아들 녀석의 면회는 어김없이 실행에 옮기고 있었다.

그리고 그 다음 주, 아이를 안아 보여 주는 간호사는 아이가 자기 힘으로 10g의 이유식을 빨아 먹었다며 아이가 이제부터 스스로 살려는 의지가 생겼다고 우리에게 말해 주며 웃고 있었다.

나의 온몸에 찌르륵~ 전류가 흐르며 온몸이 진동하듯 울려왔다.

세상에 이런 일이 있단 말인가?

저렇게 작고 나약한 존재가 어디서 그런 힘이 솟아나 10g의 이유식을 빨아 먹으며 살려는 의지가 생겼다니 하나님은 우리 가족에게 세상에서 가장 큰 희망의 선물을 주신 것이었다.

우리는 돌아오는 길에 너무나 큰 선물을 가족들에게 공유하며 함께 기뻐했다.

기적의 10g, 그 얼마나 듣고 싶었던 소식이었던가?

아들 녀석이 스스로 살고자 하는 힘이 생길 때 그때부터 또 다른 싸움이 시작된다고 주치의가 말했던 기억이 너무나 생생하기에 오래도록 숨죽여 기다려 오고 있었다.

수련회 끝나고 바로 다음 주, 하나님은 아이에게 살아야 하겠다는 의지를 불어넣어 주신 것이었다.

병원에서 돌아오는 길에 아내는 크게 감격하며 감사합니다, 감사합니다를 연이어 말하며 눈물을 흘렸다.

아들 녀석은 이유식을 빨아 먹으면서 성장 속도가 몰라보게 달라지고 있었다.

나는 교구 구역 심방으로 밤 11-12시, 늦을 때는 새벽 1시 가까이까지 구역장들과 구역 식구 심방을 다니고 있었다.

그런 열정의 그 일이 전혀 싫거나 힘들거나 하지 않았다.

분명한 것은 나의 의지가 아니라고 하나님께서 주신 믿음이라 생각됐다.

그러니 나는 한 번도 포기하거나 도망가고 싶지 않았다.

그러던 밤 11시 30분쯤 심방하고 집에 들어가서 나는 집 상황에 가슴이 철렁 내려앉아 버렸다.

아내와 아이들이 울고 있다가 나를 보며 더 크게 오열하고 있었다.

"왜, 무슨 일이야?" 나는 직감적으로 아들 녀석에게 무슨 일이 일어나 있다고 생각했다.

"지금 아기가 위험하대?"

큰 대못이 가슴에 박히는 느낌이었다.

"뭐? 어서 병원으로 가자."

"아니. 지금 와도 아무것도 할 게 없고 좀 더 상황을 본 다음 더 안 좋아지면 부른대." 아내는 그렇게 말끝을 흐리며 다시 오열하기 시작했다.

"다 이리 와 무릎 꿇고 앉아 기도하자."

나는 가족을 다 무릎 꿇어 모이게 하고 아이를 살려 달라고 한참을 눈물로 기도했다.

그러고는 하나님의 처분을 기다려야만 했다.

밤사이 잠 못 자며 병원 전화를 기다렸지만 새벽에서야 전화가 울려왔다.

아이의 상태가 다시 정상으로 돌아왔다는 소식이었다.

아내와 두 딸들과 눈물의 감사를 올려 드렸다.

그리고 아들 녀석은 또 한 번의 폐 수술도 받아야 했다.

오른쪽 가슴에 칼을 대야 하는 그 수술은 그다지 위험하진 않았지만 폐 수술의 고비도 잘 넘겨 주었다.

※

그리고 드디어 그렇게 기다리고 기다리던 아들 녀석의 퇴원 날이 되었다.

그동안 우리는 아이를 위해 좀 더 쾌적한 환경으로 이사도 했다.

퇴원 전날부터 먼지 한 톨 있어선 안 된다며 쓸고 닦고를 수없이 하며 우리 가족 모두는 아이를 볼 수 있다는 기쁨과 기대가 있는 그대로 얼굴에 다 나타나 있었다.

딱 110일을 인큐베이터 안에서 생사의 싸움을 하고 이겨 낸 개선장군의 귀환이 바로 오늘이었다.

비록 2.8kg의 작은 몸이지만 이제부터는 가족의 사랑으로 예배와 말씀 기도로 전능하신 하나님의 보호 아래 키워질 것이니 아무 걱정이 없었다.

8월 22일 병원에서 아이를 품에 안은 아내의 모습은 여지껏 한 번도 본 적 없는, 세상에 없을 미소로 아이를 바라보고 있었다.

그 모습은 3개월 20일을 눈물로 지나온 모든 날들의 보상받은 모습이었다.

천국에 가서나 볼 수있는 미소를 지으며 아이를 안고 하나님께 감사

기도를 올려 드리고 있었다.

　의사와 간호사들이 모두 나와 아이의 퇴원을 축하하며 배웅을 해 주었다.

　둘째 딸의 제왕절개 수술로 자연분만이 어렵다고 다들 했지만 끝내 자연분만을 해 보자며 이끌어 준 간호사의 눈가가 촉촉해지며 아내를 안아 주던 모습도 너무나 아름다운 모습이었다.

　녀석을 위해 차 안 세차까지 마친 차를 타고 수없이 울며 다니던 그 길이 오늘따라 너무 아름답게 보였다.

　올림픽 도로에 들어서며 우리 차는 공중에 떠가는 듯 구름 위에 떠 있는 듯 느껴졌다.

　혼자 몸을 가누지도 못하는 녀석은 조금만 실수하면 밑으로 몸이 빠져 버릴 듯 힘없이 흐물거리는 상태였다.

　그런 아이를 데리고 우리는 망설임도 없이 교회로 먼저 들어갔다.

　담임목사님(원로)의 기도를 받고 준비한 봉투를 내어 드리고 집으로 가기 위해서였다.

　하나님께서는 나를 만나 주실 때 "나의 아버지도 되어 주세요" 했던 나의 기도를 들어 주셨다.

　내가 "아버지" 하며 기도하면 나의 사정들을 처리해 주시는 것을 나는 셀 수 없이 경험하며 눈으로도 목격했다.

　담임목사님(원로)도 나에게 큰 존재였다.

　직분을 받았지만 여전히 거칠고 성도들의 원성으로 골치 아팠을 텐데 참아 주셨고 나를 믿어 주었고 직분 또한 주신 고마운 분이셨다.

그뿐이 아니었다.

아들 녀석이 약하게 태어나 죽음의 그림자가 드리워질 때 40여 명의 성도들과 병원에 문병 와 기도해 주었다.

그 기도는 하나님께서 주신 절대 권세자의 기도였다.

하나님께서 절대 주권으로 기름부어 세우신 권세 그대로 오셔서 생명의 기도를 해 준 것이었다.

그 기도는 아들에게 드리워진 흑암의 권세들을 밀어내는 기도였다.

그 후로 교회 어디서건 마주치면 "아기는 어때?" 하고 물었고 "기도하고 있으니 잘 될 거야." 하고 사랑의 위로를 늘 해 주는 아버지 같은 존재였다.

그 110일의 싸움에서 나는 혼자가 아니라는 것을 담임목사님(원로)을 통해 알아 가며 용기를 받으며 이겨 낼 수 있었다.

위대하시고 전능하신 하나님께서 기름부어 세우신 목사님에게 집보다 우선으로 기도받고 집으로 가는 것은 너무나 당연한 순서라고 생각했다.

물론 그 밖에도 도움과 기도를 해 주신 여러분들이 있지만 일일이 다 열거해 이 글에 올리기가 어려운 점을 이해해 주시기를 바란다.

담임목사님(원로)의 축복기도를 마음껏 받고 녀석은 개선장군이 되어 우리 집에 입성을 했다.

집에 돌아온 아들로 인해 우리 어머니는 물론이고 가족들은 너무나 큰 기쁨이었다.

그날처럼 행복하고 좋은 날이 또 있을까? 할 정도로 모두는 행복을 마음껏 누리고 있었다.

아들 녀석이 집에 오고부터 가족들은 집에서 걸어가는 걸음걸이마다 발 뒤꿈치를 들고 살금살금 다녔고 큰 소리와 기침은 일체 금지였다.

문 열 때도 절대 소리 없이 열어야 하는 것은 약속이나 한 듯이 지켜주고 있었다.

그런 것은 우리가 지키고 조심하면 되는 쉬운 일에 불과했다.

그러나 우리 모두가 두려움으로 금기어처럼 말 못 하는 큰일이 하나 있었다.

아들 녀석은 아직 덜 자라서 그런지 얼굴이 다운증후군의 모습을 하고 있다는 것이었다.

아내와 나는 두려움에 어떤 말도 입 밖에 내지 못하며 그 일을 다시 기도해야만 했다.

민수기 14:28
그들에게 이르시기를 여호와의 말씀에 내 삶을 두고 맹세하노라 너희 말이 내 귀에 들린 대로 내가 너희에게 행하리라

이 말씀은 해석이 지금 사정과 다르지만 혹 아이에 대해 말을 해서 아이 모습이 말한 그대로 될까 봐 너무 두려워서 일체의 말을 못 하는 것이었다.

"제발 정상인 아이로 돌려 주세요."

※

그러는 중에 또 하나의 일이 발생했다.
아들 녀석 퇴원 얼마 후 장모님은 젊은 나이의 일기로 암 발병 몇 개월 만에 돌아가시는 아픔이 발생했다.
아들 퇴원 며칠 후 몸을 가누지도 못하는 녀석과 동행한 장모님 장례는 가족들의 애도 속에 고향으로 모셔졌다.
아내의 슬픔과 상심은 말할 수 없이 큰 상태였다.
장모님 장례에도 함께해 준 교우 여러분들이 있어 잘 마무리할 수 있었다.

교구장 첫해에 너무나 많은 일들이 나에게 일어나고 있었다.
교구장 일로도 나에겐 너무 힘에 벅찬 일이었는데 큰일들이 끊이지 않고 계속 일어나고 있었다.
숨 돌릴 틈도 없이 8월까지 지나오며 어떻게 그 많은 일들을 잘도 견뎌 왔는지 나 스스로도 얼떨떨해져 있었다.
장모님 장례 후 한 동료 교우는 "집사님 올해 너무 많은 일들을 겪네요" 하며 위로의 말을 건네기도 했었다.

장모님 장례를 치르고 퇴원 15일쯤 되던 날 아이를 목욕시키던 아내는 울며 다리를 쓰다듬고 주무르고 있었다.
아이가 한쪽 다리를 전혀 펴지 못하는 것이었다.
따듯한 물로 목욕시키며 다리를 펴면 자지러지게 우는 아이의 모습에 가족 모두의 마음이 다시 무너져 내렸다.

"아버지, 이 일은 또 무엇입니까? 우리는 이 일을 또 어떻게 해야 하나요?"

아이를 들쳐 안고 병원으로 달려가 진료를 받으니 다른 곳은 이상이 없고 근육 쪽에 이상이 있는 것 같다며 지켜보자는 것이었다.

그렇게 가슴 저린 시간이 1주일쯤 지나고 하나님은 아들 녀석 다리를 다시 정상으로 돌려 주셨다.

그 후로 아들 녀석은 우리 가족의 일원으로 남들 다 걸리는 감기에 걸리기도 했고 아프기도 하며 고비들을 잘 넘겨 주었다.

작은 몸으로 조금씩 사람의 형태를 잡아 가며 다운증후군 모습도 서서히 사라지고 없었다.

다른 아이들보다 키가 조금 작고 몸은 왜소했지만 그래도 너무나 잘 자라 주고 있었다.

그 후로 집안이 안정되고 있을 때 교구 안영걸 장로님이 "방배동 상담은 어떻게 됐어?" 하고 물어 왔다.

나는 그러지 않아도 장로님에게 그 말을 하려고 하던 참이었다.

바로 얼마 전 나의 모든 정신적인 불안증세는 모두 정상으로 다 돌아와 있다는 것을 느끼고 있었다.

불안하거나 잠을 못 자거나 가위에 눌리는 일도 없이 모두 정상에 가깝게 돌아와 있었다는 것을 느끼며 감사했다.

내 몸에 어떤 일이 일어났는지 전혀 알 수 없었지만 나의 정신적인 일들은 모두 정상으로 돌아왔다는 것에 나는 감사하고 있었다.

 청년 때 다친 허리 때문에 10년을 크고 작게 고생을 많이 했다.
 새벽에 일어나려다 꼬꾸라져 버렸던 그때 허리도 고쳐 주시며 그 후로 허리 아파서 힘든 일은 완전하게 사라져 버렸다.
 방수 일로 먹고살게 해 주세요 했을 때 얼마 후 방수 일도 통째로 둘둘 말아서 나에게 넘겨주셨다.
 이제는 정신적인 문제까지 깨끗하게 해결해 주신 하나님의 은혜를 내가 어찌 감당하면 좋단 말인가?

 하나님은 나에게 믿음을 주셨다.
 주신 믿음으로 보이지 않는 것, 그것이 내게 이루어지길 기도한 것뿐이었다.

 하나님의 일, 교회 일 이런 일들이 내 앞에 왔을 때 가끔은 불순종하며 피할 때도 있었다.
 그러나 하나님은 대부분 일들에서 나를 하나님의 방법으로 끌어다 일을 시키셨다.
 사람을 통하시든지 환경을 이용하시든지 해서 나에게 일을 시키시는 걸 나는 수없이 경험해 왔다.
 예배도 그랬다. 좀 피곤해서 오늘 쉬고 싶다고 생각하면 목사님 장로님들을 어디서든 만나게 하시거나 또 다른 방법으로 예배 자리에 나를 앉히셨다.

그렇게 나를 단련시키셔서 하나님의 일과 교회 일, 예배는 빠지지 않게 만들어 버리셨다.

기도는 어떤가?
내가 이룰 수 있는 것을 기도하는 사람은 세상에 없을 것이다.
자기 자신이 해결 안 되는 상황이 오면 우리는 문제를 들고 나와 기도하는 것이 일반적인 현상이다.
그러나 좀 더 하나님 아버지와 친밀한 관계를 이루고 살아간다면 더 친숙하게 기도하고 응답받을 수 있는 것이라고 나는 생각한다.
이 말은 부족한 나의 예를 들은 것일 뿐이다.

*

첫돌이 지나며 종합 검진을 받았을 때 모든 것이 다 정상이었다.
우리 가족에게는 그 진단이 무엇보다 큰 선물이었다.
다만 한 가지 걱정이라면 아들 녀석이 돌이 지나서도 아직 걷지 못한다는 것이 큰 걱정이었다.
병원에서는 일찍 태어났기 때문에 다른 애들보다 발육 상태가 좀 늦을 수 있다며 정상이라고만 했다.
그러나 우리 가족은 아들 녀석 첫 걸음마를 위해 오랫동안 기도하며 기다려 왔다.

그러던 18개월이 지난 어느 날 아들 녀석은 미끄럼틀을 잡고 서 있다가 첫걸음을 떼기 시작했다.

  세상을 향해 자신의 두 발로 딛고 걸어가기 시작한 것이었다.

  우리 가족은 동네가 떠나갈 정도로 환호성을 지르며 감동하고 있었다.

  그 걸음은 단순한 걸음마가 아니었다.

  우리 가족에게는 걸음마에 대한 모든 말들도 금기어가 되어 있었다.

  불안과 걱정으로 애타게 기다리던 아이의 걸음은 우리 가족에게 하나님 아버지께서 내려 주신 또 하나의 너무나 귀중한 선물이었다.

  그 후 얼마 지나지 않아 그 뒤뚱이는 걸음으로 엄마와 누나들의 손을 잡고 예배의 자리 기도의 자리에 앉아 말씀을 경청하기 시작했다.

  그리고 얼마 후 하나님은 나에게 말씀하셨다.

  "애야 나는 네가 그만큼 견뎌 주며 잘 따라와 줄 줄 알았단다. 네가 잘 이겨 내 줘서 기쁘다."

  아버지 감사합니다.

  저를 자녀 삼아 주셔서, 저의 아버지셔서 저는 너무 행복합니다.

17.
자기 발로

아들 녀석은 걷기 시작하며 그 걸음으로 나와 아내, 누나들을 잘 따라다니기 시작했다.

내가 드리는 예배들을 새벽예배 빼고는 다 따라 참석하며 목사님 설교 흉내와 교구 기도회에 방언기도 흉내도 내며 교회에 웃음을 주고 있었다.

나는 간혹 녀석의 미래를 생각할 때가 있었다.

6개월 25일 960g으로 출생하며 세상을 떠들썩하게 만들었다.

모든 사람의 이목을 자신에게 집중하게 했고 모두에게 기도하게 하며 수없이 많은 기도를 받으며 세상 앞에 당당하게 섰다.

사람들도 녀석이 커서 뭐가 될지 어떻게 살게 될지 궁금하다고 말을 툭툭 던지며 이뻐해 주고 있었다.

아내의 큰 언니 처형은 송탄에 살고 있었다.

교회 권사님이었고 전국을 다니며 워쉽 순회 공연을 하며 다니는 정말 신실한 믿음의 사람이었다.

처형은 아들 녀석의 태어날 당시 함께 기도해 주던 기도의 용사로 하나님께서 쓰셨다.

처형은 조카를 살려 달라며 살려서 하나님 마음껏 쓰시라고 기도한 사람 중에 한 사람이었다.

사실 나와 아내는 한나가 사무엘을 하나님께 바치는 기도처럼 하지 못했었다.

목사님들의 삶을 옆에서 보고 들으며 그 길이 얼마나 험난하고 힘든 길인지 너무나 잘 알기에 기도하지 못했다.

하지만 자기 아들이 아니라고 처형은 여러 번 그런 기도를 했다는 것이었다.

딱히 하지 말라고 할 이유도 없었고 그럴 경황도 없었던 급박한 상황이었다.

그러나 녀석의 앞날은 아무도 모르고 오직 주 여호와 하나님만이 녀석의 길을 알고 계시는 것이었다.

나는 3.5층 기도굴에 올라 아들 녀석을 위해 기도하는 내용이 있었다.

큰 지도자 한 사람이 일어나면 수십만 명, 많게는 700만 명이 먹고 살게 된다는 말을 기독교 방송에서 들은 적이 있었다.

히 11:1
믿음은 바라는 것들의 실상이요 보이지 않는 것들의 증거니

나는 그 말씀에 힘입어 아들의 미래를 기도했다.

하나님이 아닌 다른 누가 이루어 주는 일이라면 나는 절대 그렇게 기도할 수 없는 것이지만 나는 보이지 않는 하나님을 믿고 있는 중이었다.

그분의 능력과 절대 지존자이심과 살아 계심을 나는 믿고 있었다.

나에게 믿어지는 믿음 주시는 분이며 보이지는 않지만 내가 바라며 기도하는 것이 이루어질 것을 믿는 이 믿음 또한 하나님이 주신 것이었다.

"전능하신 하나님, 저는 하나님 아버지의 무한하신 능력을 믿습니다. 하나님께서는 만유의 통치자시며 무엇이든 못 하실 일이 하나도 없으신 능력의 하나님이십니다. 말씀으로 하늘과 땅을 창조하신 위대한 능력을 믿습니다. 작게 태어난 아들 녀석을 믿음으로 잘 이끌어 주셔서 우리나라에 큰 지도자로 삼아 주세요. 아들 녀석으로 인해 수십만 수백만이 먹고살 수 있는 큰 지도자가 꼭 되게 해 주세요. 교회에는 리더자로 세우셔서 하나님의 나라와 의를 세우는 일에 써 주세요. 예수 그리스도 이름으로 기도드립니다. 아멘."

이런 기도를 한 번만 한 것이 아니라 1년 정도 기도하다 다른 기도로 바뀌어졌었다.

※

한번은 녀석이 집에서 놀다가 화장실 가기도 전에 바지에 실수를 한

적이 있었다.

보통 아이들은 대다수가 놀다 보면 그런 실수를 하며 자란다.

녀석도 그런 경우인데 그 상황이 해서는 안 되는 실수라는 생각을 한 듯 소리쳐 울며 구석으로 움츠러들고 있었다.

엄마조차도 다가오지 못하게 하는 모습에 좀 더 시간이 지나가면 아이에게 무슨 일이라도 생기고 말듯 경기하듯 놀라 있었다.

"괜찮아 아빠도 바지에다 쉬 많이 했어. 그러니까 괜찮은 거야." 그제서야 엄마와 나를 번갈아 바라보더니 안심한 듯 빙긋 웃으며 엄마의 도움을 받아 해결했다.

화장실에서 아이를 씻겨 주던 아내는 "놀다 보면 바지에다 쉬도 할 수 있는 거야. 그러니까 바지에 쉬 하면 엄마한테 말하면 돼. 알았지?" 했고, 아들 녀석은 고개를 끄덕이며 안심한 듯 웃고 있었다.

나는 그 모습을 보며 참 감사했다.

순간의 지혜로운 말로 녀석의 마음을 안정시킨 상황에 감사했다.

가정의 공동체 안에 부모의 사랑과 보호를 받을 수 있다는 것이 얼마나 큰 복인가 하며 너무 행복했다.

또 한번은 학교 운동장에 공을 차러 함께 나갔다.

아들 녀석은 나와 공을 차는 것을 많이 좋아했다.

하지만 아들 녀석은 잘 뛰지도 못하며 아빠를 이겨 먹으려고 악을 쓰듯 달려들 때가 많았다.

녀석의 모습에 '그 아버지에 그 아들 아닌가?' 내 모습이 보이고 있었다.

"이런 공놀이에는 지고 이기는 것은 중요하지 않은 거야. 아빠랑 재미있게 놀며 웃으면 되는 거야. 알았지?"

녀석은 말뚱말뚱 나를 바라보다 이해했다는 듯이 환하게 웃으며 공놀이를 다시 시작했다.

나는 녀석이 말귀를 알아들으면서부터 꼭 해 주며 다짐을 주는 말이 있었다.

"아들아, 엄마 아빠는 네 곁에 영원히 있을 수 없는 인생들이란다."

"인생이 뭐예요?"

"응, 하나님께 예배드리며 하나님의 일을 하며 사는 것을 인생이라고 하는 거야."

알아들었는지 못 알아들었는지 고개를 끄덕이고 있었다.

"하지만 하나님은 네 옆에서 영원히 계시며 너를 지켜 주실 거야. 네가 힘들 때 어려울 때 어렵다고 힘들다고 하나님께 언제나 솔직하게 말해야 돼. 그러면 하나님은 다 들어 주시는 분이야. 알았지?"

"네."

녀석에게 수없이 반복해서 주입시키듯 말해 주고 또 해 주었다.

나는 녀석이 장성해서 가정을 꾸리고 자녀를 두어도 이 말은 두고두고 할 것이다.

"아들아 너는 좋은 친구 만나려고 하지 말고 먼저 좋은 친구가 되거라. 그러면 네 옆에는 언제나 좋은 친구들이 있게 된단다."

나는 이 말도 아들 녀석에게 주입시키듯 수없이 말하며 실천할 수 있도록 말해 주었다.

아들 녀석이 내가 만난 하나님을 체험하길 바라는 마음에서 "아들아 하나님을 꼭 체험해야 한단다. 직접 하나님을 만나야 네 인생을 완전하게 하나님께 의지하며 맡기게 되는 것이란다."

나는 아들 녀석이 하나님을 만나는 체험을 꼭 하기를 바라는 마음이 너무나 간절해 있었다.

"주님, 아들 녀석이 기쁘거나 슬프거나 주의 이름을 부르며 주님을 찾으면 바로 다가가셔서 나 여기 있다고 대답해 주시며 길을 인도해 주세요. 언제나 주님께서 동행하신다는 것을 알게 해 주세요."

나의 이런 기도는 쉴 수가 없는 것이다.

내가 살아 숨 쉬는 동안은 자녀들을 위한 나의 기도는 끊이지 않을 것이다.

※

하나님은 나에게 참 많은 것을 주셨다.

그 주신 것을 감사하며 교회 일을 열심히 하고 있었다.

내가 기도한 대로 하나님 아버지는 우리 집을 명문 가정 가문으로 만들어 가고 계시다는 것을 나에게 언제나 느껴지게 하셨다.

이 모든 것이 가능하게 된 것 중에 하나가 기도굴 기도라고 단연 생각했다.

그만큼 기도는 나의 생명줄이며 나의 가장 소중한 무기가 되어 있었다.

나에게 일이 벌어지고 나서 하는 기도는 누구나 할 수 있는 기도라 생각했다.

그러나 믿음을 가지고 그 일을 이루어 주실 것을 믿는 기도는 히브리 11장 1절의 바라는 것들의 실상이라 생각됐다.

나는 간혹 아이들이 아파 하나님께 치료해 주실 것을 기도하고 돌아서며 "병원에 가 봐" 할 때도 있었다.

하나님께서 나의 기도 도중에 아이를 고쳐 주시려고 기다리시다 "병원에 가 봐" 하는 내 말에 얼마나 어이없어 황당해하셨을지 가끔 생각해 본 적이 있었다.

그만큼 믿음의 태도, 기도자의 태도와 의식이 얼마나 중요한지를 깨우쳐 주는 나의 뉘우침이었다.

그러나 반면 나의 간절하게 하는 믿음의 간구는 반드시 결과로 바로 나타내 주셨다.

나는 간혹 하나님 아버지를 자랑하며 소리칠 때가 있었다.
믿음의 동료들 앞에서도 나는 은혜의 하나님을 말할 때가 있었다.
이런 일들은 누구나 다 하는 것이지만 나도 그중에 하나였다.

"내 아버지 하나님은 어떤 분이신지 아십니까?
말씀 한마디로 하늘과 땅을 창조하셨습니다.
죽은 자 나사로를 일어나 나오라 명령하시니 썩어 냄새나는 죽은 자가 살아 일어나 걸어 나왔습니다.

거대하시고 위대하시지만 나병환자, 걸인, 앉은뱅이, 소경, 혈루병자, 마음이 상한 자, 버림받은 자의 친구시며 그들을 고치시는 선하시고 인자하신 분. 그분이 나의 아버지가 되어 주셨습니다.
이렇게 전능하신 능력의 하나님께서 나의 아버지이십니다."

이런 모든 일들을 시시때때로 주시는 분이 나의 구주, 내 아버지이시라고 나는 자랑할 때가 있다.

18.

가을, 두 남자

저녁에는 제법 선선한 바람이 불어오고 있는 가을이 되어 있었다.
하나님을 만나기 전에는 가을만 되면 그 쓸쓸함을 견디지 못해 어디든 떠나야 하는 습관이 나에게 있었는데 이제는 전혀 무관한 일이 되어 있다는 게 참 좋았다.

주일 3부 예배에 등록한 새 신자가 어딘가 낯익은 모습으로 다른 교구에 등록한 것이 눈에 띄었다.
나는 그 사람을 생각하기 위해 지난 기억을 더듬거려 그가 누구인지 비교적 쉽게 생각해 낼 수 있었다.
그를 본 것은 거의 27-28년이 다 되는 어릴 적 한동네 선배였다.
어려서 한동네 살며 그는 힘으로 나를 억누르며 때리며 괴롭히던 3년 선배였던 것이다.
지금 그 선배 모습은 조금 나약해 보였고 왠지 그의 삶이 좀 힘들어 보이고도 있었다.
"어, 오랜만이다."

나를 보며 기억이 난 듯 또 그 괴롭힘을 하던 기억이 난 듯 좀 어색한 표정으로 나에게 인사를 건네왔다.

선배는 나보다 체격도 좀 작았고 예전 모습에서 변한 것이 별로 없는 그 모습으로 이미 내 앞에서 위축되어 있었다.

나를 보자 교회 온 것을 후회라도 하는 듯 눈조차 마주치지 못하고 있던 그에게 나는 선뜻 다가가 "잘 왔어요 형." 하고 인사했다.

"어~ 어 그~ 그래."

선배는 나의 인사를 받으며 말까지 더듬으며 말하고 있을 때 옆에 있던 전도자가 나를 소개했다.

"우리 교회 교구장님이셔."

"어~ 그~ 그래."

내 인생에 아픈 기억을 다시 떠올리게 하는 그 선배는 나와의 첫 대면을 어색하게 남기고는 집으로 돌아갔다.

나를 괴롭히며 때리던 모습은 다 어디로 가고 내 앞에 오히려 기죽어 있는 그 모습은 하나님께서 계획하신 반전의 카드 같았다.

국민학교(초등학교) 다닐 때 3년은 크기와 힘의 차이가 비교가 안 될 정도로 차이가 나는 것이었다.

그는 그런 힘을 무기로 나에게 적지 않게 괴롭힘을 주었었다.

그랬던 선배를 보면서 그에 대한 아무런 적대 감정도 일어나지 않았다.

그의 괴롭힘은 좀 심했고 거칠었던 기억이 있지만 이제 내 안에 그런 일들은 아무렇지 않게 받아들여지고 있었다.

선배는 몇 주 교회를 잘 나오면서 나에게 어린 시절 일을 가벼이 사과해 줬다.

오랜 시간이 지났지만 나에게 사과하는 용기를 내 준 그 선배가 너무 고마워 나는 감사를 표하며 그 사과를 기꺼이 받아 주었다.

교구별 모임에도 잘 참석하던 선배는 어느 날부터 보이지 않았다.

나는 그에 대해 더 묻지 않았으며 그대로 지나가는 일이 돼 버렸다.

*

경기도 수지 현장에서 일할 때였다.

하던 현장 일이 많이 바빠 일용직(용역)을 불러서 써야만 했다.

일당직 두 사람을 불렀는데 너무 열심히들 일해 줘서 바쁜 일이 다 끝날 때까지 그 둘을 부르기로 결정했다.

나는 그때 함께 일도 하며 사람들의 출퇴근도 시켜 주고 있었는데 그 두 사람 용역 중 한 사람이 식사 기도를 하고 있어 나는 그를 조금 눈여겨보게 됐다.

그는 말하는 것에서도 크리스천이라는 느낌이 물씬 풍겨 나왔다.

기회를 엿보다 "혹 교회 다니시나요?" 하고 물었다.

"아 어떻게 아셨어요?"

"식사 기도도 하시고, 말하시는 어투가 바로 알겠던데요?"

그는 일반 사람과 달리 세상의 때가 묻지 않았음을 누가 봐도 바로 느낄 수 있을 정도였고 순수함이 그대로 나타나 느껴지는 사람이었다.

"사장님도 교회 다니시죠?"

"아 어떻게 아셨어요?"
"어제 반장님이 그러시더라구요."
함께 일하는 우리 식구 중에 누가 나를 말한 듯했다.

퇴근 1시간 거리를 뒷자리에 앉은 그 용역과 교회 이야기를 주고받는데 그는 내 등 뒤에서 "사실 저는 선교사입니다."
하는 바람에 나는 조금 놀라고 말았다.
그동안 용역들 중에는 전도사님 목사님들이 여러 명 다녀갔지만 선교사님은 처음이었다.
우리는 그때 교회 봉사에 대해 자녀에 대해 이야기를 하고 있었고 나는 늦둥이 아들 녀석에 대해 태어나던 과정을 간략하게 말하고 있었다.
그 용역 선교사가 대뜸 구성전 강대상위 방수 공사 했던 일을 듣다가 내 말을 끊으며 하는 말이 가슴에 꾹 하고 박혀 들어왔다.
"하나님께서는 그 가정에 빚진 것이 있으시면 늘 살피시고 계시다가 가장 필요하고 또 그 가정에서 간절하게 바라며 원하는 것을 꼭 주십니다."
"그게 바로 사장님 가정에 꼭 필요했고 간절하게 원하던 아들이라 생각됩니다."
"아- 그런가요."
그 선교사 말이 나에게 많은 생각을 하게 했다.

선교사님 말대로라면 하나님께서는 강대상 위 방수와 그때 한 그 봉

V. 하나님은 나의 아버지 219

사를 기억하신다는 것일까?

  청년에 다니던 교회 봉사도 기억해 주신 것일까?

  여하튼 나에게 나쁜 소리가 아니라 기분 좋은 퇴근길이 되어 주었다.

  그 선교사님은 그 후 며칠 더 하다가 일 양이 줄어 더 볼 수가 없게 되었다.

  그전에도 앞으로도 아버지 집 교회 일은 무보수 원칙으로 일하였고 그 원칙은 끝까지 지킬 것이다.

VI

나의 아버지

19.

하나님의 허락과 교만

 나는 교회, 일, 집, 이 세 곳의 테두리 안에서 쳇바퀴 돌듯 돌며 살고 있었다.
 예배 기도 말씀은 기본이었고 봄 헌신예배, 여름 수련회, 가을 추수 감사절. 이렇듯 교회 큰 행사를 하면서 1년은 그냥 지나가곤 했다.
 교회 행사와 교회 일상에 좀 더 치중한 탓인지 어느 순간부터 건축 일에 다소 싫증을 느끼기 시작했다.
 먹고 입고 사는 데는 별 문제는 없지만 부자로 사는 데는 조금 부족하다는 생각을 늘 하고 있었다.

 그런 일상 반복의 연속일 때 새벽 예배 중 낯선 새로운 성도 한 사람을 발견하게 되었다.
 그는 점잖은 기풍에 선한 모습으로 누가 봐도 고생한 사람처럼 보이지 않았고 그 모습으로 예배에 열중하고 있었다.
 당시 모든 교회들은 이단(신천지)의 교회 침입으로 혼란을 겪고 있는 터라 낯선 교인들의 출현은 경계 대상일 수밖에 없었다.

그 성도와 통성명을 하고 나는 그의 상태 파악에 나섰다.

그는 배씨 성을 가진 집사였고 정부의 정책에 발맞춘 전 벤처 바이오 사업을 크게 해 오던 사업가였다.

한때는 정부 지원과 지원금을 등에 업고 사업을 크게 했었다.

정부에서 주는 표창장 상도 여러 번 받았을 정도로 유망한 바이오 벤처 기업의 대표였다.

사업이 승승장구하며 보이지 않는 속에서 그만 교만이 고개를 내밀었고 그 교만은 부도라는 완전한 폭망한 상태로 사업이 내동댕이쳐졌다.

부도는 전적으로 교만과 타락에서 시작됐고 급기야 대형 교통사고까지 당하며 더욱 곤두박질쳤다.

하나님께서 얼마나 아프게 때리셨는지 부도 후 남은 것은 거액의 채무만 남았고 가족, 친인척, 지인, 친구 모두들 등을 돌리며 철저하게 밑바닥에 떨어진 상태였다.

다시 회복해 보려고 무진 애를 썼지만 그럴수록 하나님은 더 철저하게 짓누르셨고 다시 일어나지 못하도록 모든 출구와 길마저 꽉꽉 틀어막아 아무 것도 보이지 않았다.

삶의 선택지가 점점 좁혀지며 그는 불현듯 죽음을 생각하기 시작했다.

시간이 지나며 그 죽음과의 싸움은 갈수록 내면 속에서 치열해지며 차츰 현실로 나타나기 시작했다.

그러다 배 집사 그는 마지막 선택지를 찾기 시작했다.

고층 건물, 다리 위, 강물, 자동차 사고, 약물 등등으로 매일 다툼이 시작됐다.

배 집사는 "죽기는 왜 죽어 하나님이 살아 계신데 왜 죽어? 이렇게 살아서 뭐 해, 다시 일어설 수 있을 거 같아?" 하며 매일 매 시간 치열하게 삶과 죽음의 사이에서 싸우고 있었다.

그렇게 시간이 흐르며 거의 폐인이 다 되어 가던 중 배 집사는 강변을 따라 하염없이 길을 가다 그 길에서 죽을 곳을 찾고 있었다.

얼마나 왔는지 알 수 없던 곳에서 그는 금식 기도원 간판을 보게 되었다.

뒤에는 강, 앞에는 기도원. 그 사이에서 배수진을 치고 배 집사는 갈등했다.

죽음은 무엇이며 삶은 무엇인가?

오랜 갈등 끝에 기도원 한 구석에 쭈그려 앉아 예배를 드리기 시작했다.

하루 한 끼니로 식사를 채우며 이틀이 지나던 날 한 목사님의 설교에 은혜를 받고 다시 시작할 마음이 들어왔다.

그 예배인도 목사님이 우리 교회 담임목사님(원로)이었고 그 설교로 인해 죽음을 떨쳐 버리고 다시 살아 보자는 힘을 얻었다.

그렇게 우리 교회에 등록은 안 하고 다니다 나를 만나게 된 것이었다.

배 집사 그는 나와 만날 즈음에 우리 교회에 이미 4개월 이상 다니고 있었고, 40일 금식기도를 이미 두 번 했고 나를 만난 그때 한 번 더 할 거라고 금식 의지를 보이고 있었다.

　나는 배고픈 것은 절대 못 참는 체질인데 40일 금식이라니 완전 다른 세상의 사람으로 그가 보여졌다.

　그의 고향은 안동이며 나이는 나하고 동갑내기였다.
　배 집사 그는 실업자였고 나는 방수 일 하청받아 하는 작은 사장이었다.
　그런 관계로 나에게 자주 밥을 얻어먹을 때면 몸 둘 바를 몰라 하는 순진한 사람이었다.
　배 집사 그는 어디서 생겨난 돈인지 나에게 간혹 식사 대접을 하며 마치 빚을 다 갚은 양 흐뭇해하곤 했다.

　그런 배 집사가 어느 날 나에게 사업 제안을 하나 해 왔다.
　산지에서 채소 과일 직송 배달하는 인터넷 사업을 제안한 것이었다.
　사실 나는 그 사업을 전혀 알지도 못했고 아예 관심조차도 없었다.
　더구나 컴맹인 내가 인터넷 사업이라니 가당치도 않다고 거절해 버렸다.
　그때 상황은 모든 사업 자금을 내가 다 감당해야 했고 생소한 사업이라 나는 전혀 내키지 않는 일이었다.
　우리의 작은 실갱이 줄다리기는 한 달 정도 지루하게 흘러가게 되었다.

　그리고 그의 부탁이 너무 간곡해 가장 적은 금액으로 시작하자며 교회 선배 집사님의 공장 작은 공간 한 칸을 빌렸고 중고 책상과 컴퓨터 몇 대를 구입해 준비를 마쳤다.

사업자를 내 이름으로 내고 인터넷 통신판매 허가도 내 이름으로 다 등록이 마쳐졌다.

그러나 준비하고부터 우리는 자주 이견이 발생했고 조금씩 사이가 벌어지기 시작했다.

급기야 그는 1년 반 정도의 만남을 뒤로하고 인터넷 사무실을 얻은 지 한 달만에 홀연히 자기 길로 떠나가 버렸다.

월세를 주며 꾸며진 작은 사무실은 덩그러니 남아 인터넷 바둑으로 나의 시간을 때워 주는 곳으로 전락해 버렸다.

그렇게 작은 이견 차이도 못 견디면서 무슨 동업을 한다고 벌려 놓고는 떠나 버린 그가 좀 야속했지만 쉬이 잊혀져 버렸다.

그 후 한 달여 시간이 지루하게 흐르고 있을 때 의류 쇼핑몰에 대한 뉴스를 보며 호기심이 생겨났다.

부산에서 올라와 옷장사를 한 것이 전부인데 난데없이 인터넷 옷 판매는 너무 생뚱맞은 일이었다.

어디서부터 집착이 올라오는 것인지 나는 집요하게 쇼핑몰 과정들을 알아 가며 파고들기 시작했다.

나의 집요함과 기도는 결국 해 보자로 바뀌고 준비하기 시작했다.

*

쇼핑몰 최우선 과제는 먼저 웹 디자이너였다.

나는 추호의 망설임도 없이 면접을 통해 웹 디자이너를 채용하고 그 디자이너와 여러 번의 회의를 통해 미시들 대상의 여성 의류로 타깃을 결정했다.

아내와 지인들 교회에서는 만류하고 있었지만 나의 의지는 확고했기에 전혀 흔들림이 없었다.

전혀 생소한 여성의류 검색에 모든 시간을 쏟으며 조금씩 청평화 시장 쇼핑몰을 돌아다니기 시작했다.

여성 의류에 전혀 문외한이었으나 과감한 시도로 선정해 온 상품들을 피팅 모델을 통해 피팅 후 촬영해서 온라인 판매에 올리기 시작했다.

쉽게 반응이 있을 리 없었다.

반응이 온다면 그것은 어쩌면 쇼핑몰을 모욕하는 것이라는 생각도 들었다.

5일, 10일이 지나도 전혀 반응조차 없었다.

나는 방법을 완전히 바꾸어 다시 시작했다.

청평화 시장은 5층 건물이었다.

1층부터 5층의 모든 골목을 다 돌아다니며 나는 하나님께 떼를 쓰기 시작했다.

"하나님 아버지 제발 대박 칠 상품 하나 눈에 띄게 해 주세요."

나의 기도는 시장 골목을 돌며 무모한 도전인 듯 시작했다.

1층부터 5층을 돌고 또 돌고 더 돌아볼 것이 없을 정도로 돌아쳤다.

나는 건축 일을 하느라 나이 들고 검은 피부에다 성경에 등장하는 지역 이름으로 상호를 정하고 오직 기도하며 대박 칠 상품을 찾아다녔다.

간혹 시장 상인들과 대화를 나눌 때면 그들은 나에게 무시하는 눈치를 주기도 했다.

솔직한 심정은 포기하고도 싶었다.

하지만 해내고야 말겠다는 의지가 너무 강렬해 이내 포기는 지워져 버렸다.

*

그렇게 10일쯤 되던 날 나는 4층 중앙 한 도매점에 걸음을 딱 멈춰섰다.

그리고 한 제품에 몰입하고 있었다.

모직 주름 치마였다.

가슴이 조금 두근거리는 것을 억제하며 색상별로 구매해 피팅 모델 피팅 촬영을 하고 온라인 판매에 올려놓았다.

그 주름치마는 인터넷에 올린 지 하루 만에 1개 판매가 되었다.

다음 날 9개, 그다음 날 30개, 그다음 날 50개, 그다음 날 100개, 한 달이 지났을 때 지마켓 옥션 치마 카테고리에서 1등을 하기 시작했다.

하루 400-600개 이상씩 판매가 되기 시작하며 너무 바빠지고 있었다.

시장에서는 갑자기 내가 vip로 바뀌어 옆 상점에서 자기들 옷 좀 봐주라고 의뢰가 들어오고 있었다.

동대문 종합시장에 한 사람이 있었다.
그는 동대문 종합시장 원단상을 하는, 얼마 전 현장에서 쓰러져 천국에 간 사람의 친구였다.
그 역시 우리 교회에 나오고 있었고 나와는 어느 정도 친분도 있는 상태였다.
내가 도매 상점에서 물건을 받아 갈 때 도와주며 많은 주문량에 어이없는 웃음을 짓기도 했었다.
그도 그럴 것이 몇 달 되지 않아 상품을 리어카에 실어 날라야 할 정도로 물량이 늘어나 있으니 충분히 그럴 만도 했다.

나는 그의 도움을 받아 치마를 직접 제작해야겠다는 생각이 들었다.
원단은 그가 공급하기로 했고 치마 주름잡는 공장과 봉제 공장들도 그를 통해 쉽게 생산 라인이 꾸려졌다.
하나님의 허락하심과 부르심에는 이렇듯 조금의 오차도 없이 이루시며 이끌어 가신다는 것에 다시 한번 감사하고 있었다.

하청공장을 가동하며 직접 제작해서 제품 가격을 내렸지만 중간상 마진이 빠지자 나에게 돌아오는 마진은 오히려 더 좋아지는 손익 구조가 만들어졌다.
계절별로 제작되어 만들어진 제품은 안전 마진을 주며 안정된 수익을 주었고 더 큰 사무실로 이사를 하기도 했다.

이사 하면서 직원도 더 늘려야 했고 가족들도 사무실에 출근하기 시작했다.

*

2년을 거듭해 지나오며 온라인에서는 이미 독보적인 위치에 올라 있음이 여러 곳에서 나타나고 있었다.

그러나 그때부터 나의 초심은 서서히 무너지기 시작했다.

내 안에 불현듯 찾아온 교만이 기지개를 켜기 시작한 것이었다.

잠 16:18
교만은 패망의 선봉이요 거만한 마음은 넘어짐의 앞잡이니라

하나님께 얼마나 졸라서 얻어진 결과인데 불과 2년이 지나자 교만과 태만, 만족하며 안주하는 나태함까지 끌어와 품에 안고 있었다.

교회에서 무슨 일을 진행할 때면 '시켜 주시면 감사합니다'에서 어느 사이 '나. 나. 내가 할게. 내가 하지 뭐'로 바뀌어 가고 있었다.

나의 교만을 어렴풋이 눌러 제어가 되다가도 이미 한번 맛본 교만의 고개를 수그려 꺾는다는 것은 내 자의로 하기에는 이미 그 선을 넘어서고 있었다.

기도하며 발품 팔던 나의 노력은 온데간데없고 씀씀이만 커지고 일은 안 하는 베짱이 심보로 가득 차 폭망의 길로 가고 있었다.

교만하여 넘어진 간증자들의 간증설교를 수없이 들으며 공감했지만 이미 친숙하게 들어와 자리 잡은 교만 앞에 무방비 상태였다.

한술 더 떠 "십일조 잘 냈는데" "감사 넘치게 했는데" "구제하고 있는데" "직분 잘 감당하고 봉사 열심히 하고 있는데" 말하며 하나님을 원망하듯 투정까지 부리고 있었다.

교만은 모든 것보다 위에 서서 하나님과 나와의 사이에 끊임없이 이간질을 시키고 있었다.

한번 내 안에 들어온 교만은 그 뿌리를 내 삶 전반에 깊숙이 내리고 있었다.

간혹 나의 교만을 느끼고 후회하며 회개도 했다.

하지만 한번 내 안에 자리 잡은 교만은 바로 일어나서 회개를 짓누르며 일어나고 있었고 모든 것에서 고개를 내밀며 나의 등을 떠밀고 있었다.

그렇게 한번 기울어진 사업은 바로 현실이 되어 여러 곳에서 그 후유증이 나타나기 시작했다.

당장 판매 매출 하향이 일어났고 그동안 줄곧 1위를 지키던 제품들이 순위에서 밀리며 사업에 위기까지 몰리기 시작했다.

나는 깜짝 놀라 사업에 몰두하기 시작했다.

그러나 한번 기울기 시작한 매출은 이듬해 봄을 맞으며 더 큰 타격으로 대미지를 입게 되었다.

여성 의류는 봄옷으로 한해 매출 비중이 큰데 봄이 오기는커녕 2월이 되어도 한겨울 그대로였다.

봄 준비에 이미 제작해 둔 옷들의 판매 부진은 바로 큰 타격을 가해 왔다.

4월 초에 큰 눈이 내리는 기상 이변까지 연출되며 봄 장사는 한마디로 폭망해 버린 것이었다.

월급. 사무실 임대료. 전기. 생활비. 그 밖에도 쓸 일은 정해져 있는데 한번 떨어진 매출은 다시 회복될 기미가 전혀 보이지 않았다.

※

다음 해 2009년 봄!

지난해와 마찬가지로 봄은 추위와 눈으로 덮친 기상 이변이라고 뉴스에서 말하고 있었다.

수요일 오후 봄인데 진눈깨비가 내리는 초겨울 날씨를 보이고 있었다.

6살 늦둥이 아들 유치원 하교 마중을 가기로 했는데 축구 동호회 클럽에서 한 게임 하러 오라는 문자가 날아왔다.

아들 마중과 축구 사이에서 갈등하다 아내에게 말도 없이 축구장으로 향했다.

봄옷 준비로 제작된 옷들이 기상 이변의 충격을 받으며 판매가 저조해져 사무실 분위기는 좋지 않은 상태였다.

일도 잘 안되고 하니 좋아하는 축구 한번 하면서 기분 전환 하고 잘해 보자며 나만의 합리화를 내밀며 축구장으로 달려 나갔다.

몸을 충분하게 풀었지만 컨디션은 그리 좋지 않았다.

여전히 진눈깨비는 살을 스칠 때마다 움츠러들게 하며 펑펑 내리고 있었다.

그렇게 평범한 경기의 전반이 끝나갈 무렵 상대방의 일격의 태클이 나에게 들어오며 나는 곤두박질쳤다.

잠시 정신을 가다듬고 일어서려 하는데 왼쪽 다리에 이상이 발생해 있었다.

나는 다시 털썩 주저앉아 무릎을 만져 보니 이미 부어오르기 시작했고 움직일 수 없는 상태가 되어 있었다.

절망감이 내 생각 속으로 쑥 들어와 내 안에서 일순간에 두려움으로 가득 차 버리고 말았다.

후회도 일어났고 자신을 혹독하게 몰아치며 자책하기도 했다.

119를 부르고 기다리는 시간이 그렇게 길게 느껴지는 경험을 처음 하게 되었다.

손에 쥔 휴대폰에는 딸들과 아내의 부재중 전화가 여러 번 찍혀 있었다.

'이 상황을 뭐라고 말해야 하지?' 참 난감했다.

119에 실려 병원 응급실에 도착 후 긴급 검사를 받아야 했다.

검진 결과 왼쪽 무릎뼈 골절과 인대의 손상으로 수술은 불가피하다는 진단이 내려졌다.

이런 일은 전혀 예상치 못한 대형 사고가 터진 것이었다.

가뜩이나 사업이 기울어져 있는데 아들 하교 마중을 나간 애 아빠가 축구하다 다쳐 병원에 있는 이 과정을 이해해 줄 사람은 아무도 없었다.

이해는커녕 이혼을 당해도 할 말이 없는 상태였다.

입원 병실에 들어와서 막내 동생에게 축구장에서 차를 이동시켰고 아내에게도 이 사실을 알렸다.

수화기 너머로 들려오는 한숨과 실망과 걱정들이 그대로 전해져 들려왔다.

내가 죽이고 싶도록 미웠을 것이다.

당장 이혼 서류를 던져 주고 훌쩍 떠나고 싶었을 것이다.

잘 하고 있던 방수 일을 동생에게 넘겨 주고 전혀 생소한 여성 의류 쇼핑몰을 한다고 했을 때 반대했는데 왜 말 안 들어 줬냐고 따지고 싶었을 것이다.

얼마 후 병원에 찾아온 아내는 내가 얼마나 미웠던지 내 눈을 마주치지 않은 채 치료 경과를 듣고 있었다.

가뜩이나 봄이 겨울처럼 눈이 오는 날씨로 매출이 급락해 타격을 입고 있었는데 다쳐서 입원한 나를 아내는 보기조차 싫었을 것이다.

수술은 다음 주 월요일에 잡혔다.

주치의는 수술 전 절대 움직이면 안 된다며 출입마저 금지령을 내렸다.

그 이유는 무릎이 깨지며 **뼈** 조각이 생겼고 움직이면 그 **뼈** 조각에 다른 인대들이 또 손상을 입을 수 있다는 것이었다.

하지만 나는 주일 1부 예배를 드리겠다고 주치의에게 말했다.

조금 의아해하는 의사를 바라보던 아내는 "선생님 말리셔도 소용없어요. 저 사람은 곧 죽는대도 예배는 드릴 거예요." 하고 말했다.

사실이 그랬다.

다리가 잘려 나간들 예배를 빠질 수는 없었다.

하물며 이 정도 상황으로 예배를 거르는 것은 나로서는 도저히 용납이 안 되는 일이었다.

집사 동생 도움으로 휠체어를 타고 어렵게 이동해 예배를 드렸다.

그렇게 하나님께서는 교만하고 오만한 나의 징계를 시작하심으로 사업 실패의 하향곡선의 서막이 시작된 것이었다.

병원에 25일 입원하며 매출은 급격하게 더 떨어져 버렸다.

부동의 1위 자리를 지키던 제품들이 어느새 순위에서 밀려나면서 판매는 더 저조해지기 시작했다.

직원들이 동분서주 뛰었지만 모두 이구동성으로 사장이 없으면 사업은 기울어질 수밖에 없다고 말을 하고 있었다.

하나님께서는 그런 것까지도 염두에 두신 듯 나를 병원에 묶어 두시고 사업을 돌볼 수 없게 하신 것 같았다.

물론 그러실 리 없지만 그때 나의 마음이 그랬었다.

병원에 앉아 사업을 들여다보는 그 고통은 이루 말할 수 없는 고통이었다.

퇴원 후 목발로 시장을 다니는 것은 기동성과 제품 선정에도 지대한 영향을 주었다.

가정의 생활비, 직원들 월급, 사무실 월세, 기타 경비 등등 숨이 차도록 버거워지기 시작했다.

처음에 가족들에게 손을 내밀고 그 빈도수가 많아지자 한계에 달했다.

지인 친구 모두는 이미 기울어진 상황에선 등을 돌리고 있었다.

카드 돌려막기도 한계점에 이르러 제2금융에 손을 내밀었고 다행히 좋았던 실적 탓에 비교적 큰 금액을 대출해 주었다.

그러나 그것은 다 일시적이었다.

교만과 오만이 가져온 현실 앞에 나는 너무나 무력해져 가고 있었다.

급기야 세금마저 못 내게 됐고 시장의 단골 매장에서 제품을 외상으로 가져오면서 그 비용마저도 쌓여 가고 있었다.

어떡하든 사업을 일으켜 보려던 몸부림으로 봄옷 제작에 무리수를 두었고 그때 하필 4월까지 눈이 오는 2년을 겪으며 큰 충격에다 충격이 더해 대미지가 커졌다.

그렇게 2년을 버텼지만 2010년 6월 30일 최종 폐업 신고로 사업은 마무리됐다.

*

부도처리 후 나의 무력함에 너무나 허탈했다.

그간의 뒤를 돌아보니 후회만 남아 나를 짓누르고 있었다.

이미 2년 봄옷 제작으로 기울어진 가세는 그 뒷수습이 결코 만만치 않았다.

이미 한계를 넘어 버린 제2금융권과 옷 도매시장과 원단시장, 옷 공장 등등의 독촉들이 시작되고 있었다.

그렇게 좋았던 사이였는데 부도가 나 버리자 너무나 냉정하게 돌변한 사람들을 보며 나는 나의 어리석음을 다시 한번 돌아보게 되었다.

최종 부도 후 살던 집을 정리하고 작은 곳으로 줄여서 이사할 계획을 했다.

일부 남은 돈으로 월세로 집을 구해 이삿날을 잡았다.

그러나 그것은 시작에 불과한 또 하나의 시련이 기다리고 있었다.

단골 매장과 원단 상회에서 집에 차압을 걸어 놓았던 것이었다.

결국 한 푼도 손에 잡지 못한 채 이삿짐을 싣고 거리에 나와야 했다.

이삿짐은 길바닥에서 갈 곳을 잃은 채 그대로 멈춰버렸다.

우리가 들어갈 집에 보증금을 주어야 그 집도 이사를 가는데 우리가 무일푼이 되어 버렸으니 그 집에 보증금을 줄 수 없게 된 것이었다.

아내와 가족들은 발만 동동 구르는 상태가 돼 버린 것이었다.

오전 10시에 나온 이삿짐은 오후 늦은 시간이 되도록 이삿짐 차에 그대로 실려서 풀지도 못하고 갈 곳을 잃고 방치돼 있었다.

얼마나 긴 시간이 지났을까?

우여곡절 끝에 보증금은 줄이고 월세는 많이 올려 내는 구조로 간신히 합의를 보고 이삿짐은 집으로 들어갈 수 있었다.

※

이사한 집에서는 더 혹독한 시련이 기다리고 있었다.
제2금융권과 세금, 온갖 공과금 등등 빚 독촉이 시작됐다.
어떡하든 이 위기를 극복해 보려 했지만 그 어느 곳에도 극복될 기미는 전혀 보이지 않았다.
오히려 더 악화되어 갔고 모든 생활은 더 쪼그라들고 있었다.
아침 8시만 되면 딩동~ 딩동~ 벨을 울리는 채무자들을 피해 나는 일찍 집을 나와 버렸다.
그 뒤치다꺼리는 전부 아내 몫으로 돌아갔다.
그때마다 아내는 나에게 냉정해지며 험악한 냉소를 퍼부었다.
할 말은 없었지만 그 서러움은 내 가슴속에 비수가 되어 박혀 버렸다.

아들의 부도는 어머니에게도 뼈저린 아픔이 됐을 것이었다.
그런 어머니는 교회에서 볼 때면 주머니에 돈을 밀어 넣어 주었다.
그 돈은 그 혹독한 부도자의 여름나기에 사용되었다.
그 귀중한 돈은 차 연료 넣기에도 사용됐다.
연료를 아끼기 위해 차를 움직일 수 없어 한적한 곳 그늘에 차박하고 김밥 한 줄로 끼니를 때우는 데 사용됐다.
그 무력함은 기도마저 할 수 없을 정도로 추락해 내동댕이쳐져 있었다.
하나님의 이름을 부르지만 내 목소리는 마치 모기 소리 같았다.
그냥 모든 것이 포기된 소리에 불과했다.
그 상황에서 나는 아이들에게도 모진 말을 포악하게 내뿜었다.

특히 큰딸에게 화풀이하듯 모질게 했다. (사랑하는 딸 미안하다)

작은딸은 기울어진 가산을 보며 "아빠 나는 걱정 마요. 하고 싶은 일이 있어서 저는 대학 안 갈 거예요."라고 말했다. (고맙고 미안하다)

7살 된 아들은 삼겹살이 먹고 싶다고 말했다.

그 몇 푼 안 되는 삼겹살 한 근 사 줄 수 없는 처지를 맛보게 되었다.

그때 죽고 싶은 마음이 내 속 깊은 어딘가에서 올라오기 시작했다.

주일에 어머니가 "남자는 주머니에 돈이 있어야 돼" 하며 넣어 준 10만 원으로 나는 가족을 불러내서 갈비를 사 주었다.

7살 막내와 가족들이 어찌나 잘들 먹는지 그 비용이 오버할까 봐 나는 몇 점 먹지를 못했다.

그래도 나는 그날이 너무 기뻤다.

7살 아들 녀석의 입에 들어가던 갈비는 나를 살아가게 하는 한 줄의 힘이 되어 위안으로 돌아와 주었다.

그런 시간이 얼마 지나지 않아 나는 극도의 무력감에 빠져 허우적거려야만했다.

철저하게 막혀 버린 모든 출구 앞에 내가 가야 할 길은 어디에도 없었다.

몇 미터쯤 되는 철판으로 둘러 막힌 듯 단 하나의 희망도 보이지 않았다.

그렇게 가장 밑바닥에 떨어져 짓눌려 있을 때 나는 홀연히 떠나 버린 배 집사의 모습을 떠올렸다.

그는 모든 위기에서 탈출해서 여 목사님 아내와 결혼해 잘 살고 있었다.

그가 겪었던 그 죽음의 그림자가 이렇게 예고도 없이 나에게 다가와 내 귀에 속삭이고 있었다.

배 집사 그도 나에게 들리는 죽음의 소리가 이랬을까? 하고 생각했다.

차 운전하다 다리 위에서 떨어지면 보험금은 얼마나 나올까?

고속도로에서 눈 감고 달리면 죽을까?

고층에서 떨어지면 그 고통은 얼마나 있을까?

나의 가족을 위해 나는 보험금을 타게 해 주며 가야 한다는 이런저런 생각들로 가득해져 있었다.

주일 설교도 전혀 귀에 들려오지 않았다.

믿음의 동료들 누구의 위로의 말도 무엇 하나 귀에 전혀 들어오지 않았다.

한 마디로 모든 것에서 다 등이 돌려진 상태였다.

나는 그 상황을 최악이라고 서슴없이 말하며 생각하고 있었다.

이러다 진짜 죽는 거 아닌가 생각되기도 했다.

그런 상태에서 나는 어김없이 김밥 한 줄로 점심을 때우며 나무 그늘에 차박하고 앉아 있었다.

옆자리에 우두커니 혼자 있는 성경책을 바라보았다.

벌써 얼마 동안 성경을 읽지 못한 나를 발견했다.

새벽에 깨어 씻고 앉아 새벽예배 가기 전 읽던 성경 속의 은혜들이 밀려왔다.

여러 번 지나쳐 갔던 곳의 말씀이 벌떡 일어나듯 은혜로 다가와 나에게 한없는 은혜가 되었던 그 새벽의 그리움이 거대한 파도처럼 밀려왔고 나는 성경책을 가슴으로 가져와 끌어안았다.

"하나님 정말 잘 살고 싶은데 왜 이렇게 힘들어요."

이내 눈물이 흘러내리고 있었다.

창 1:1
태초에 하나님이 천지를 창조하시니라

첫 소절부터 생소했다.

그동안 10독 이상 여러 번 완독을 했는데 이렇게 낯설어 본 적이 없었다.

매일 새벽에 일어나 읽던 성경 구절들이 은혜로 일어나 내 가슴에 벅찬 은혜를 주었던 때가 있었는데 이게 웬일이란 말인가?

나에게 주신 은혜가 얼마인데 겨우 이런 것 때문에 내 본연의 마음과 성도의 본성마저 무너져 지옥 사람이 된 듯하단 말인가?

잠시 잠깐 나락에 떨어진 것 뿐인데 하나님과 전혀 남이 된 듯 지옥 사람으로 변화된 내 모습이 너무 슬퍼서 눈물이 나고 있었다.

그동안 나의 모든 믿음의 행위 들은 다 가식에 불과했다는 생각이 들었다.

하나님을 사랑하고 하나님 없이는 단 하루도 못 삽니다 고백하던 나의 모든 것은 다 거짓이었단 말인가.

지금 당장 훌훌 털고 나가 뭐든 일하면 먹고 사는 건 어렵지 않은데 구석으로 숨어들어 온 것이었다.

이런 내가 너무 싫어지고 있었다.

그런 상황에서 45일 만에 성경 1독을 억지로 했다.

하지만 한 구절도 무너진 나의 감정에는 영향을 주지는 않았다.

이렇게라도 해야 죽음 따위를 물리칠 수 있을 것 같았기에 이를 악물고 집중하고 집중해 읽었다.

다른 생각들이 들어와 건성으로 읽어지면 다시 되돌아가기를 수없이 반복하며 읽기를 다했다.

나의 마지막 발악 같은 표현이 그렇게 보여진 것이다.

*

부도 다음 해 봄, 나에게 자신의 사무실에 나와 일하라며 손잡아 준 사람이 있었다.

심준보 집사. 그분은 지금은 장로님이 되어 나의 든든한 동역자로서 있다.

심준보 집사도 형편이 넉넉하지 않았지만 나에게는 영업 성과를 늘 넘치게 해 주는 동료이자 고마운 은인의 사람이었다.

나의 삶이 나락으로 떨어져 땅을 질질 끌며 허우적거릴 때 가족 외에 나에게 거금을 손에 쥐여 준 사람. 하나님께서 나에게 보내 주신 천사였다.

그 돈은 나와 내 가족에게 생명수와 같았다.

나와 우리 가족의 하루하루가 피 말리는 고통에서 마실 수 있던 생명수였다고 나는 과감하게 표현하고 싶다.

그리고 또 한 분 담임목사님(원로)이 더 있었다.

몇 번 망설이고 견디다 못해 너무 힘들어 찾아갔는데 "왜 이제야 왔어? 기다리고 있었는데." 나는 담임목사님(원로)의 올 것을 기다렸다는 말에 목이 메어 말을 제대로 하지 못했다.

나는 그때 하나님의 품 안이 느껴졌다.

그 따듯한 사랑은 가슴이 다 긁혀지고 구멍이 나서 그 어떤 것도 담기지 않던 마음에 사랑으로 가득 안겨 왔다.

언제나 나와 우리 가족을 위해, 특히 아들 녀석을 위해 기도해 주시던 목사님은 마치 하나님께서 또 아버지들이 하듯 나를 위로하며 기도해 주었다.

그리고 목돈을 건네주며 필요한 데 쓰라며 주었다.

하나님께서의 위로였다.

나는 그 기도와 위로로 인해 지옥에서 천국으로 한 발짝씩 기어오르기 시작했다.

> 시편 46:1
> 하나님은 우리의 피난처시요 힘이시니 환난 중에 만날 큰 도움이시라

나의 피난처시며 나에게 힘을 주시며 환난 중에 만날 큰 도움이 되시며 나의 모든 것인 하나님께서 나의 삶에 회복길을 조금씩 열어 주기 시작했다.

부도 후 매를 호되게 맞으며 돌아온 3년 반의 지옥의 터널에서 나는 이제 끝났구나 하는 안도의 숨을 몰아쉬게 해 주셨다.

※

"방수해서 먹고살게 해 주세요."
나는 다시 방수 일을 시작했다.
방수 일을 시작하며 바로 나의 신체에 특이점이 하나 발생했다.
며칠 일하고부터 아침에 눈을 뜨면 손발 관절 마디마디가 퉁퉁 부어올라 손가락마저 구부러지지 않을 정도로 심각해져 있었다.
작업 현장에 가서도 부은 손 마디로 인해 장갑을 손에 끼기조차 힘들 정도로 나의 심령과 몸은 무너져 있었고 뼈마디 골수까지 손상을 입은 상태였다.
그 무엇을 해도 풀어 주지 않았으며 나는 하나님의 그 힘에 의해 사방팔방 막힌 막다른 길을 기어가게 하셨으며 교만과 오만의 쓴 뿌리가 다 뽑힐 때를 기다리셨다.
내가 힘들다고 잘못을 구하며 엎드리자 그때가 돼서야 회복되도록 나의 길을 참견하시기 시작해 주셨다.

나는 너무 아프고 힘든 과정을 거쳐 회복의 길에 들어서게 되었다.

하나님은 말씀처럼 사람이 감당할 시험 밖에는 당한 시험이 없다고 하셨다.

> 고전 10:13
> 사람이 감당할 시험 밖에는 너희가 당한 것이 없나니 오직 하나님은 미쁘사 너희가 감당하지 못할 시험 당함을 허락하지 아니하시고 시험 당할 즈음에 또한 피할 길을 내사 너희로 능히 감당하게 하시느니라

그 시험 당할 즈음에 피할 길도 내 주셔서 능히 감당하게 하셨다고 말씀하셨지만 견디기 힘든 아픔이 동반되어 있었다.
나는 그 시험을 지나오면서 오히려 하나님께 감사함이 더욱 커져 있었다.
방수 일을 석 달쯤 할 때까지 손발 부음과 저림으로 고통을 받아야 했다.
그 아픈 3개월이 지날 때까지 나는 교만으로 가장 아픈 곳을 때리신 일들을 되새김질하며 이겨 나가기 시작했다.
그리고는 가정뿐 아니라 신앙에서도 일하는 현장에서도 몇 단계 성숙해져 있음을 알 수 있었다.
고난이 유익이 되어 나를 이끄는 원동력이 되어 있었다.

그리고 나의 기도는 이전보다 더 시시콜콜하며 하나님을 귀찮게 하는 기도로 바뀌어 있었다.

나는 전에도 시편을 좋아했었지만 부도 후부터 시편을 더욱 좋아하기 시작했다.

시편 속에는 다윗왕이 하나님과 친밀하게 대화하는 대목들로 가득 들어차 있었고 나는 그런 시편에서 많은 영감을 얻어 와 그 말씀들을 인용하며 하나님과 더 가까워지고 있었다.

*

그리고 나는 빌레몬서에서 유난히 큰 은혜를 받은 것처럼 은혜의 사람을 꿈꾸며 가고 싶었다.

1장으로 되어 있는 짧은 한 장이지만 나의 모든 시선과 마음을 사로잡기에 충분한 내용이 들어있는 곳이라 너무 좋았다.

시간이 지나며 그 속의 말씀을 이해하며 깊은 뜻을 알고부터 더욱 빌레몬의 믿음을 사랑하게 되었다.

> 빌레몬서 1:4-5
> 4. 내가 항상 내 하나님께 감사하고 기도할 때에 너를 말함은
> 5. 주 예수와 및 모든 성도에 대한 네 사랑과 믿음이 있음을 들음이니

바울서신 빌레몬서 4절에 "항상 내 하나님께 감사하고 기도할 때에 너를 말함은", 5절 "모든 성도에 대한 네 믿음을 들음이니" 나는 이 4~5절 대목에서 너무나 큰 은혜를 받았다.

그리고 그 빌레몬의 믿음은 성도들을 사랑하고 있었고 이미 그 소문은 널리 퍼져 있는 상태를 말하고 있었다.

너무나 본받고 싶어 나는 한동안 빌레몬서에 붙들려 있어야 했다.

"항상 감사하며 기도할 때 너를 말함은" 참 대단한 구절 아닌가 말이다.

이런 빌레몬의 믿음을 따라가기란 결코 쉬운 일은 아니지만 가슴에 담고 본받기를 기도하며 주의 앞으로 갈 것이다.

20.
나에게 말씀과 기도는

잠 4:23
모든 지킬 만한 것 중에 더욱 네 마음을 지키라 생명의 근원이 이에서 남이니라

주일 설교 시간에 위 말씀이 내 가슴에 들어와 크게 은혜를 주었다. "모든 지킬 만한 것 중에 더욱 네 마음을 지키라" 마음을 지킬 수 있는 것은 기도와 말씀 외에는 없다는 설교를 들으며 나는 말씀을 체계적으로 읽기 시작했다.

히브리서 4:12
하나님의 말씀은 살아 있고 활력이 있어 좌우에 날선 어떤 검보다도 예리하여 영과 및 관절과 골수를 찔러 쪼개기까지 하며 또 마음의 생각과 뜻을 판단하나니

말씀을 체계적으로 읽으며 어느 순간부터 내 입의 말과 내 성격은

조금 수그러들다가 다시 고개를 들기를 반복하고 있었다.

나는 내 입의 말과 성격에다 잣대를 그어 놓고 성경을 읽으며 훈련하기 시작했다.

말이 거칠거나 과격한 행동을 하거나 불순종하려는 마음이 들면 나는 기도의 강도를 더 높였다.

말씀 또한 읽기를 조금 더 높여 하고 나면 수그러드는 성격을 눈으로 보며 느끼며 자리를 잡아 가기 시작했다.

어느 사이인가 차츰 그 주기가 길어지며 기도와 말씀을 통한 훈련은 내 마음과 입의 혀를 다스리는 효과가 되어 나타나기 시작했다.

잠 16:18
교만은 패망의 선봉이요 거만한 마음은 넘어짐의 앞잡이니라

"교만은 패망의 선봉이요" 너무나 정확한 말씀이었다.

쇼핑몰이 좀 잘 되면서 교회에서 행사를 할 때면 금전적인 것에 대해서는 언제부터인지 "저요 제가 할게요" 하고 '내가, 나, 저요' 하며 나를 내세우기 시작했다.

교만은 그렇게 소리도 없고 색깔도 없이 아주 은밀하고 조용하게 다가와 있었다.

그리고 교만은 나 스스로를 부추기기도 하지만 옆에 있는 동료들과 목사님들의 칭찬으로부터 교만을 부추겨 올려지기도 했다.

칭찬은 어쩌면 양날의 검과도 같은 선을 동반하여 교만을 부추기는 필요악이 될 수도 있는 재료였다.

칭찬을 받는 사람이 만일 교만하려는 징조를 보인다면 바로 멈추고 깨우쳐 줄 수 있는가가 숙제로 남는 것이 되는 것이다.

본인은 전혀 모르는 채 그 결과가 어떻게 될 거란 것을 전혀 암시도 없이 이미 습관이 되어 나타나면 치명상이 되는 것이었다.

그 결과는 너무나 처참하고 참담한 결과로 나는 물론이고 우리 가족에게도 치명적인 아픔을 안겨 주었다.

교만으로 인한 폐망 길 3년의 긴 터널 속에서 우리나라에서 가장 큰 교회 중에 한 권사님을 알게 되었다.

그 권사님은 기도의 용사로 특화된 사람처럼 느껴지는 철저한 기도의 사람이었다.

기도 시간을 정하고 그 시간을 철저하게 지켜 기도하는 사람이라고 말하며 기도는 우리 성도에게 호흡이며 강력한 무기라고 말해 주었다.

기도는 해도 되고 안 해도 되는 것이 아니라 성도라면 반드시 그 직분 분량에 맞게 꼭 해야 되는 것이라고 힘주어 말해 주었다.

예배와 말씀 기도는 성도의 가장 기초적인 영의 양식 공급처이며 하나님과의 친밀한 관계에 있어서 절대적 영향을 주는 것이라 말했다.

기도를 하는 사람의 특성은 하나님께 기도하고 난 뒤에 따라오는 세밀한 하나님의 소리와 일들을 감지하는 능력이 뛰어나게 됨은 물론이고 하나님의 일에 쓰임받는 우선권도 부여받는다고 말했다.

하나님께 쓰임은 가정과 사업 자녀에게 그 영향을 그대로 넘어가는 복이 따라온다고도 말했다.

10년 된 지기 정 집사도 있는데 그도 기도의 사람이었다.

사당동 회사, 교회는 경기도 광주. 집은 부천이었던 정 집사는 회사 퇴근 후 매일 광주 교회에 가서 8시부터 11시까지 때로는 새벽까지 기도를 하는 기도의 용사 기도의 사람이었다.

6년 동안 거의 하루도 빠지지 않고 매일 기도하던 사람이었다.

정 집사 그도 기도는 숨을 쉬는 성도의 호흡이며 무기였다고 말해 주었다.

그랬다. 어느 순간 나에게도 기도는 숨 쉬는 호흡이며 강력한 무기를 지닌 기도의 용사가 되어 있었다.

우리 교회 기도굴에서 매주 월요일 시간에 맞추어 6년을 거의 빠지지 않고 기도하며 지나왔다.

처음에는 한번 결심한 것이니 끝까지 해 보자고 어금니를 깨물며 견디고 견뎌 한 달이 가고 6개월 1년 2년 지나며 그 사이에서 기도의 달콤함과 기도의 참맛을 주님께서 깨닫게 해 주셨다.

그때 기도의 힘이 어떤 것인지 기도가 왜 호흡인지 기도가 왜 무기인지 나는 정확하게 깨달을 수 있었다.

늦둥이 아들 녀석이 태어날 때 병원에서 이름을 지어 주던 교구 김종현 목사님도 기도굴의 기도 동역자며 기도의 용사였다.

기도굴 바로 옆방에서 함께 기도하며 나를 응원해 주면서 힘이 되어 주던 기도의 사람, 기도의 목사님이었다.

"이 집사, 기도굴 기도는 평생을 하소. 기도의 힘을 절대 내려놓지 말아."

기도굴 기도를 오래도록 할 수 있도록 하나님께서 보내 주신 기도의 동역자 목사님이셨다.

또 몇몇 집사님들과 청계산 기도원 기도를 매주 월요일에 다니기도 했다.

그 기간은 18개월 정도 매주 다녔고 그 청계산 기도의 참맛에 끌려 나는 혼자서도 화, 목 청계산 기도를 다니곤 했었다.

일주일에 1-2번 혼자 더 다니며 청계산 기도에 진심으로 열심일 때 그 기도의 힘은 여러 곳에서 결과로 나타나도록 하나님께서 보여 주고 있었다.

하나님께서 교구장으로 교구를 맡겨 주셨을 때 교구의 출석부터 교구의 안정화와 사업 전반에도 큰 영향을 주고 있었다.

나는 그런 과정들을 직접 눈으로 보며 "아~ 기도는 이런 능력이 있구나" 하며 하나님께 소리치며 감탄으로 감사하기도 했다.

내가 하는 기도가 차곡차곡 쌓이면서 하나님께서는 여러 방면으로 칭찬해 주셨다.

금요철야 예배 강사목사님 설교에서 기도할 때 '지혜, 명철, 지각, 지식, 총명, 전략'을 구하라는 설교를 들으며 나는 그 기도도 열정으로 하기 시작했다.

시간이 지나서 지혜, 명철, 지각, 지식, 총명이 더 한층 높아진 나를 발견할 수 있어 감사해하던 나의 모습이 떠오른다.

기도의 특권이 바로 이런 것이라고 생각했다.

천지 만물의 창조주이신 전능하신 하나님께 구하면 그 능력으로 이루어 주실 일을 믿으니 "바라는 것들의 실상으로" 나의 기도가 이루어진다고 믿어졌다.

기도의 특권을 누릴 수 있는 것은 나에게 주시는 절대 은혜이며 행복이었다.

말씀과 기도는 나를 낮추는 데 큰 역할을 해 주었고 하나님과의 세밀한 교감으로 나에게 하시는 일을 좀 더 쉽게 알아볼 수 있게 하셨다.

어느 순간부터 나는 내 직분 분량에 맞게끔 기도한다고 느껴졌다.

그리고 하나님께서는 무슨 일을 시키실 땐 미리 기도하게 하신다는 것도 알게 하셨다.

이 또한 기도하는 사람에게 주시는 특권이라고 생각했다.

또 하나님께서는 나에게 일감을 주실 때는 반드시 일할 사람도 함께 보내심을 나는 수없이 많이 체험하게 하셨다.

그래서 나는 억지로 오더를 따려고 하지 않는다.

또 구인을 억지로 하려고 하지 않았으며 기도하며 하나님께서 이끌어 가시는 것을 지켜보며 일의 성사를 미리 알아볼 수 있게 해 주셨다.

나는 이제 나의 기도를 쉬거나 멈출 수 없는 기도의 선한 중독자가 되어 있었다.

*

그러나 한 가지, 말씀을 많이 읽고 기도를 많이 한다고 교만이 피해 가거나 피할 수 있는 것은 절대 아니었다.

또 예배 잘 드리고 성경 많이 읽고 봉사 많이 하고 구제 많이 하고 나를 낮추고 있다고 교만이 나를 저만큼 피해 가는 것도 절대 아니었다.

오히려 내가 많은 일을 하고 있을 때, 그때에 나를 점검하면 바로 지혜자가 될 수 있는 것이라 생각되었다.

그만큼 교만은 그 통로가 너무나 무궁무진해서 어디서부터 어떻게 오는지를 전혀 모르게 다가와 그 패망의 늪으로 끌어들인다는 것이 치명적이었다.

교만을 부추기는 사탄은 낮은 직분의 자리에 있는 사람은 전혀 거들떠보지도 않았다.

직분을 받고 왕성하게 일하면서부터 사탄은 그 귀에 부추기는 속삭임을 시작하는 것이었다.

내가 얼마나 교만한지를 알려면 "누군가가 나를 무시할 때 얼마나 화가 나는가이다"라고 책에서 읽은 적이 있다.

또 교회 일을 하면서 나의 이름이 불리는 것이 좋아지고 있다면, 이미 내 이름이 불리길 바라는 마음이 있다면, 또 내 이름이 불리지 않았다고 시샘이 일어나거나 화가 나고 있다면, 그 사람은 이미 교만의 중증에 속한다고 기록되어 있었다.

또 나보다 약한 사람을 무시하거나 마치 아랫사람인 듯 취급하는 마음이 있다면 그 또한 교만이라고 쓰여 있었다.

나는 이런 것들과 절대 무관하다고 말하고 싶었는데 이 모든 것이 나와 다 상관이 되어 있었다.

교만하여 폐망한 아픔은 지옥 중의 지옥이었다.
하나님께서는 내 속에 들어 있는 먼지 한 톨만큼 남아 있을 교만까지 빼내시기 위해 등을 돌리시고 다 무너지고 터지고 상처투성이가 되어도 아예 신경을 끊으시고 완전하게 내려놓고 엎드려지길 기다리셨다.

그래야 다시 교만하지 않게 되기에 혹독하게 몰아 가셨다.
왜 그렇게까지 하셔야 했는지 그 혹독한 교만의 뼈아픈 터널을 빠져나와 다시 내 자리에 서서 선명하게 알게 해 주셨다.

교만은 한번 넘어진 사람에게는 다시 오지 않는 것이라고 생각했는데 어느 순간 내 귀에 다시 교만이 다가와 속삭이고 있다는 것이었다.
나는 너무 놀라서 내 모든 자리들을 점검하기 시작했다.
그리고 하루에도 수차례 나에게 그어 놓은 잣대의 저지선을 확인하고 점검하며 가고 있다.
교만은 오늘도 내일도 다시 내 귀에 다가와 "너 잘했잖아. 너를 알아주고 있잖아. 너의 이름이 이번 일에서 빠졌잖아. 빨리 알아 달라고 말해." 하며 나에게 속삭일 것이지만 나는 말씀과 기도에 의지해 나를 이끄시는 주님의 은혜에 의지해 교만을 물리치고 있으며 물리칠 것이다.

나는 지금 우리 교회 기도 용사들을 보며 따라가 보려고 노력하고 있는 중이다.

새벽예배 자리와 봉사 자리를 오랜 긴 세월을 기도하는 기도의 용사로, 봉사자의 봉사 용사로 우리 교회가 이렇게 서 있도록 헌신하신 그 귀하신 분들을 따르며 그 길에 묵묵히 서서 갈 것을 기도하며 다짐하고 있다.

언제일지 주께서 나를 부르시는 그때 예수 그리스도께서 "너 기도의 용사 봉사자야 잘 왔다" 칭찬으로 맞아 주실 날을 기대하며 나의 기도는 쉬지 않을 것이며 내 몸을 교회에 내어놓을 것이다.

기도는 나의 강력한 무기이며 호흡이며 앞으로 일어날 일들이 보호되며 무엇보다 나와 나의 가족을 지켜 주는 나의 거룩한 자산이며 이 모든 능력이 거기서 나오기 때문에 나는 기도할 때가 너무 행복하고 감사하다.

21.

아들에게 돌아온 나의 아버지

다시 방수를 시작하며 안정이 되어 가자 사람들은 나에게 말하고 있었다.

"다른 거 하지 말고 그냥 방수만 했다면 그런 고생을 안 했을 텐데" 하고 말했다.

나는 그런 말에 단호하게 대답했다.

그 고난은 나에게 너무나 소중하고 유익한 시험이었다고 말했다.

시편 119:71
고난 당한 것이 내게 유익이라 이로 말미암아 내가 주의 율례들을 배우게 되었나이다

그 고난 당함 때문에 하나님의 선하심을 깨달았고 나는 하나님 앞으로 더 가까이 다가가게 되었다고 말하였다.

욥 23:10

> 그러나 내가 가는 길을 그가 아시나니 그가 나를 단련하신 후에
> 는 내가 순금 같이 되어 나오리라

욥의 말씀처럼 나를 단련하신 후에 나는 더 신실하며 더 단단하며 모든 것에 진실해져 있었다.

그리고 50대 초반에 맞이한 고난의 시험은 많이 아팠지만 젊기에 잘 견뎌 낼 수 있었다고, 더 나이 먹어서 이런 큰 시험이 다시 온다면 나는 속절없이 무너져서 다시는 못 일어날 수 있었다고 말해 주었다.

그 고통을 겪지 않았다면 나는 더 교만해 있을 것이고 언제든 넘어질 준비 하며 불안한 인생으로 살아가고 있을 테니 얼마나 불행한 삶이냐고 말했다.

사실이 그랬다.

3~4년 고생한 그 시험 시간은 나를 욥처럼 단련하신 후에 더 신실하며 더 단단하며 모든 것에 진실해진 순금같이 되어져 있었다.

너무나 아프고 힘들었지만 지나와 바라보니 그 시간들은 나에게 꿀단지처럼 단 약이었다.

아침에 자고 깨는 것, 먹고 마시고 일하는 모든 것이 하나님의 은혜였다.

은혜 아닌 것은 나에게 하나도 없었다.

*

한낮에 아버지에게 전화가 걸려 왔다.

몹시 급하고 힘든 상황임을 짐작하게 하는 어조로 조심조심 말하고 있었다.

함께 부부로 살며 건강원을 하던 사람이 모든 걸 다 싸들고 떠나갔다고 말하며 당장 밥 먹을 끼니조차 해결할 수 없다는 것이었다.

그 충격으로 아버지의 기억력에 뭔가 문제가 있다는 것을 직감할 수 있었다.

뭔가 앞뒤가 잘 안 맞는 내용의 설명을 하며 큰아들인 나에게 당연하다는 듯이 도움을 요청해 왔다.

그냥 평범한 가정의 부자지간이면 이런 일들은 지극히 당연한 일상에 불과한 일이지만 우리 부자지간은 좀 남달랐다.

하지만 나는 망설이지 않고 달려가야 했다.

나는 그동안의 일들보다 나에게 더 크게 하셨더라도 아버지가 내게 오신다면 돌보려고 했을 것이기 때문이다.

그게 나에게 은혜 주셔서 받은 예수그리스도의 사랑이었다.

내가 받아 누리는 은혜에 비하면 세상의 어떤 것도 귀한 것은 없었다.

그 은혜로 부자지간의 지난 일 정도는 아무렇지 않게 넘어갈 수 있었다.

건강원 하며 경동시장에서 외상 약제 값을 받으러 매일 찾아와서 집에는 있을 수 없다고 말했다.

지금 당장에 먹고 잘 의식주 해결이 시급한 상황으로 그 결과가 나와 있었고 한시가 급한 상황으로 나에게 들려왔다.

아버지는 나와 만나고 나서 나의 눈을 정면으로 마주치지 못하며 미안해하는 모습이었다.
나는 아무렇지 않은 듯 일정 부분 식사비와 여인숙 방값을 지불하고 아버지에게 벌어진 일들을 하나씩 해결해 나가기 시작했다.
아버지는 그럴수록 당연하다는 듯이 다른 것들을 더 요구해 왔다.
나는 그런 요구들도 말없이 다 들어주었다.

아버지는 경동시장 약제 외상 값을 큰아들이 갚아 줄 거라고 여전히 나에게 미루며 전화번호까지 알려 주었다.
그동안 수도 없이 겪었던 일들이기에 크게 대수롭지 않았다.
약제 채무자에게 오는 전화를 받으며 나는 아버지 사정을 솔직하게 말하고 일일이 다 이해를 구하며 해결해 나갔다.
아버지를 고발한 사건도 하나 있었다.
경찰서에서 아버지와 함께 출석을 요구했지만 아버지는 구속될까 겁을 내시며 완강하게 거절하고 있었다.
그런 사건마저도 찾아가 이해를 구하고 아버지 현 사정을 말하자 그래도 쉽게 다 해결될 수 있었다.

*

그런 과정에서 부모자식 간의 관계에 대해 나는 깊이 깨달아 알게 된 것이 한 가지 있었다.

비록 아버지는 자신의 삶을 위해 평생을 우리 가족을 돌보지 않고 살았다.

이제 노년에 그것도 병약해지고 빈털터리가 돼서야 자식에게 돌아오고 있었다.

정상적인 가정은 부모의 보호 아래 자녀는 양육되어 성장하고 성장해서는 나이 들어 기운이 쇠약해진 부모를 돌보는 것이 가장 기본적인 가정의 구조로 하나님은 만들어 주셨다.

그 과정에서 부모를 공경하는 자식에게 효도한다는 칭찬이 따라붙었다.

나에게는 그런 과정은 없었기에 생각하지 않고 살았다.

그러나 나를 낳아 준 부모는 하나님께서 허락해 주셔서 가정을 이룬 것이라는 설교를 수없이 들으며 은혜를 받아 왔다.

그 은혜로 인해 늙고 병약해진 아버지에 대해 좋다 나쁘다를 선택할 권한이 나에겐 없다고 생각됐다.

너무 감사한 것은 나에게 다른 생각이 안 들도록 마음을 주시고 이런 과정들을 허락해 주셔서 감사한 마음만 생기고 있었다.

나를 지으시고 나를 이끌어 지금 이 자리에 세우신 하나님의 사랑을 생각했다.

육신의 아버지는 나를 외면하고 나를 돌보지 않았지만 하나님께서는 나의 아버지 되어 주셨고 나를 외롭지 않게 언제나 함께해 주셨다.

하나님은 언제나 변치 않으시며 나의 구주로 또 나의 아버지로 함께

해 주셨고 앞으로도 함께해 주실 것을 확신하는데 더 무슨 말이 필요하단 말인가.

*

아버지는 다음 날부터 수시로 전화를 걸어오셨다.
일이 바빠 한참을 못 받으면 받을 때까지 전화를 걸고 또 걸어오는 정신 상태와 불안한 상태를 그대로 나타내며 보여 주고 있었다.

나는 그런 아버지에게 폭탄 선언을 했다.
어차피 아버지는 나 아니면 전혀 다른 대안이 없는 상태였기에 이참에 교회로 인도하고 싶었다.
"아버지 교회 나오시면 저희 집 가까운 곳에 집을 잡아 드리고 모실게요."
깜짝 놀라는 아버지는 "야 교회는 좀 그렇다."
"알았어요. 그럼 여지껏 그랬듯이 아버지 혼자 사세요."
그날 교회 나가는 일로 아버지와의 기세 싸움은 결과 없이 마무리되었다.

다음날 일과 중에 아버지는 한 식당에서 무전취식을 하고는 내 번호를 알려 주었다.
아들이 내 줄 거라며 당당하게 행동하며 식사를 하신 것이다.
아버지는 언제나 그런 식의 사람이었다.

자신이 해결되지 않는 것은 남에게 미루거나 아들인 나에게 미루었다.

그러나 지금 이런 정도는 나에게는 그리 큰 일이 아니라고 여겨지고 있었다.

어차피 아버지에게 현 상황은 나 아니면 다른 대안이 없는 상황이란 걸 너무나 잘 알고 있었기에 나 역시 받아들이고 있었다.

계좌 이체로 식대를 해결해 주고 아버지와 다시 만났을 때 아버지 숙식 문제를 담판 지어야 했다.

예전 아버지였으면 상상도 할 수 없는 일이지만 지금은 상황의 주도권은 내가 쥐고 있었기에 나는 단호하고 강하게 교회 나오면 모시겠다고 다시 선언해 버렸다.

아버지는 선택권이 없었다.

70 후반 나이에 옷가지 몇 벌의 완전한 빈 몸으로 자식에게 돌아오고 있었지만 우리 집에서는 그 누구도 아버지의 존재를 달가워하는 사람은 없는, 그저 덩그러니 혼자가 되어 온 것이었다.

만일 가정의 테두리를 두르시고 아버지의 울타리를 치고서 가장으로 있었다면 이런 쓸쓸한 노년은 없었을 것이었다.

우리 4남매 자식들의 감사하고 따뜻한 사랑으로 보호받게 됐을 것이다.

그러나 아버지는 평생을 가족 위해 살지 않았던 결과이니 누구를 탓할 수가 없는 것이었다.

나는 이런 상황을 보며 하나님의 계획은 감히 사람의 생각으로는 전혀 알 수 없는 것이라 생각했다.

하나님은 아버지를 구원할 계획으로 나에게 보내셨다고 나는 믿어지고 있어서 더 그런 생각이 들었다.

그동안 나는 하나님의 구원의 계획에 나를 조금씩 사용해 주신 것을 늘 감사하고 있었다.

이제 다시 한번 만주의 주 되신 하나님께서 아버지의 남은 삶의 선택권을 나에게 주시며 사용하려 하시는 중이었다.

나에게 주신 구원의 선택권으로 나는 아버지에게 마음껏 사용해서 아버지의 허락을 받아 내는 데 성공했다.

하나님은 그렇게 아버지를 사면초가로 몰아 오셔서 나에게 맡기셨다.

하나님께서 나에게 아버지 구원의 기회를 주셨으니 나는 절대 이 기회를 놓쳐서는 안 되는 것이었다.

나는 집과 교회 근처에서 조금 떨어진 단칸방을 하나 얻어 주었다.

옷가지와 밥 해서 드실 세간살이들을 새로 구입하고 바로 입주를 했다.

그 과정에서 4남 동생들에게 다달이 일정 부분 내라고 권유했고 동생들은 다 동의해 주었다.

돈도 돈이었지만 동생들에게 아버지에 대한 원망을 조금 덜어 주고 싶은 마음이 있어서였다.

그래서 나는 동생들에게 아버지의 남은 삶을 대부분 공유해 주었다.

또 나중에 아버지가 세상을 떠나면 아버지에 대한 미움보다 그리움이 되기를 바라는 마음도 있었다.

우리 4남매에게 아버지는 없는 존재와 같았다.

아니 없었으면 하는 존재였다.

오히려 아버지는 미움의 대상으로 우리에게 상처를 많이 남겨 주어 보지 않아도 보고 싶지 않은 그런 아버지였다.

그런 아버지가 이제 병약해져서 말년에 왔는데 달가워한다는 것은 망상에 불과한 일이었다.

그런 가정 속에서 부산에 여동생 둘, 서울에 막내 남동생 모두는 자라나는 환경이 좋지 않았지만 나름대로 착하고 성실하게 잘 자라서 좋은 배필들을 만났고 좋은 가정을 이루고 잘 살아 줘서 맏이로서 참 감사하다.

※

그렇게 우리 부자는 너무 오랜 시간을 다른 길로 돌아서야 부자지간의 따듯한 정을 나눌 수 있었다.

"뭐든 잡수시고 싶은 거 말씀하세요." 하고 아버지에게 말했을 때 처음 얼마간은 미안하다며 됐다고 거절했었다.

하지만 얼마 지나지 않아 아버지는 당연하다는 듯이 이것저것 요구하기 시작했다.

구운 김, 굴젓, 명란젓, 깍두기, 콩장, 삼겹살, 미역국, 동태탕. 이렇듯 2일에 한 번꼴로 주문을 하셨다.

그러나 왜 그런 아버지의 주문들이 좋고 행복하던지 나는 가까운 시장을 돌아다니며 아버지의 요구들을 다 해결해 줄 수 있어 다행이었다.

그렇게 나의 일상은 아버지에게 치중될 수밖에 없는 구조가 되어 갔다.

부모 자식은 그런 것인가?

나는 아버지에게 하는 것이 전혀 싫지가 않았다.

나의 하는 일 방수는 전국을 다니며 하는 일이다 보니 때로는 아버지에게 바로 달려가 대처할 수 없다는 점이 좀 아쉬움이었다.

하지만 그마저도 교구 목사님과 동료 교우들의 도움으로 해결될 수 있었다.

주일 아침이면 아버지 좋아하는 모시떡을 사 들고 아버지에게 갔다.

떡을 드시고 큰아들의 시중을 받으며 교회에 가는 것이 아버지에겐 무척이나 좋은 듯했다.

교회에 도착하면 안수집사에 교구장 아버지라고 아버지에게 극진한 환대로 맞이해 주었다.

아버지는 그 환대가 좋았는지 얼마 지나지 않아 교회 가는 날을 기다리기까지 하고 있었다.

그리고 입만 열면 "얘가 내 아들이유 내 아들이야" 하며 자랑하기도 했다.

나는 그런 모습이 싫지 않았다.

나에게 오기 전 충격으로 아버지는 치매 기운이 갈수록 심해지고 있었다.

늦었지만 늦게나마 부자의 정을 따듯하게 나누고 있는데 이 소중한 시간이 얼마나 갈지 걱정이 되고 있었다.

그러니 아버지는 나를 마음껏 부르시며 뭐든 시키고 요구하시라고 말했다.

나는 감사하며 할 수 있는 데까지 아버지를 수발해 드릴 것이니 말이다.

하나님의 구원의 계획은 정말 신기하고 신비하게도 이런 모든 과정들을 다 허락해 주셨다.

이런 일들이 나와 아버지에게 일어나리라고는 나는 전혀 예상하지 못했다.

아버지는 우상 숭배자였다.

집에 우상 숭배 신전과 귀신 부적들을 곳곳에 붙여 두고 그것들에게 빌며 그 우상들이 뭐든 해 줄 거라 믿고 있었다.

그런 잡다한 신전과 부적들이 좋은 삶을 만들어 준다고 믿어지는 것이 나는 전혀 이해되지 않았다.

내가 교회를 다니는 것은 인정하지만 아버지 자신에게 교회 얘기는 일절 못 하게 했었다.

서로의 삶의 방식에 참견 말자는 말을 하기도 했다.

가끔 아버지에게 갈 때면 그 신전들을 감추기도 한다는 것을 나는 대충은 알 수 있었다.

교회 다니는 아들이 온다니까 감추어야 하는 그 우상단지가 무엇을 해 줄 수 있다고 믿다니 한숨이 나오는 일이었다.

그러던 아버지가 이제 교회 가는 날을 기다리기까지 한다니 어찌 인간인 우리가 이런 일을 계획하며 할 수 있는 일이란 말인가?

1년이 지난 주일 아침이었다.
나는 어김없이 아버지 좋아하는 떡을 사 들고 아버지를 태우러 집으로 갔다.
여느 때와 같이 교회로 가는 차 옆자리에 앉은 아버지는 대뜸 "이 애비가 너를 왜 그렇게 때렸는지 모르겠다. 미안하다 애야." 하셨다.
나는 그 말에 순간 차를 멈추고 아버지를 바라봤다.
엷은 미소 속에 미안함이 가득한 모습으로 내 머리를 쓰다듬어 주고 있었다.
어느새 내 눈가에 눈물이 가득 고여 와 흐르며 목까지 메어 오고 있었다.
"아버지 이젠 다 지난 일이고 저는 다 잊었어요."
아버지는 창밖으로 고개를 돌리며 아무 말이 없었다.
하지만 그렇게 사과해 주며 머리를 쓰다듬어 준 아버지의 말에 나는 감사했고 감격해했다.
하나님은 아버지 구원 계획 속에는 아버지의 사과도 계획돼 있었던 것 같았다.
이미 잊었다고 했지만 내면 깊은 곳 어딘가에 그 아픔은 남아 있을 수 있는 것이었지만 하지만 이제 그 조금이라도 남아 있을 상처마저 다 씻어질 수 있도록 하나님께서 네게 배려해 놓으신 각본이 완성되는 순간이었다.

그 주님의 날 차 안의 우리 부자는 더 말이 없었지만 부자지간의 정이 한 층 더 쌓여 가는 복된 주일이었다.

그날 이후 나와 아버지는 한 층 더 가까워져 있었다.
부자지간에 더 가까워졌다는 말이 좀 머쓱하지만 더 아버지에게 잘하고 싶은 마음이 들었다.

＊

그 후 아버지는 조금씩 기억력을 더 잃어 가기 시작했다.
시장 구경을 잘 다니던 아버지는 낯익은 길에서도 길을 잃어버렸다며 전화를 걸어오기 시작했다.
그뿐 아니라 아버지는 방에서 옷 입은 채 대소변 실수도 하기 시작했다.
2년 전 혼자 될 때 충격으로 기억력에 지장이 생기더니 그 증세가 조금씩 심하게 나타나는 것이었다.
병원 진료를 받았지만 치매 초기라는 진단과 약을 처방 받는 것이 전부였다.
그 증세가 뚜렷하게 나타나야 합당한 치료와 정부 지원 시스템을 적용할 수 있다는 것이었다.

인천 송도 현장에서 일할 때였다.
경찰관이라며 연락이 왔다.

"전화에 큰아들이라고 돼 있어서 연락했습니다. 아버님이 잠실 올림픽도로에 진입하신다는 신고를 받고 가서 모셔 왔습니다."

인천 송도에서 일하는 상황을 전해 들은 경관은 아버지를 모셔다 주겠다며 주소를 물어 왔다.

암사동에서 잠실은 걸어서 갈 절대 가까운 거리가 아니었다.

또 한번은 지나가는 행인에게 전화가 걸려 왔다.

아버님이 길을 잃으신 거 같다며 위치를 알려 준 적도 있었다.

그곳은 집에서 멀지 않은 곳이었지만 반복되는 과정이 부쩍 많아지고 있어 걱정이었다.

그런 일들이 자주 반복되며 몸도 급격하게 쇠약해지기 시작했다.

방안에서 인덕션 위에 국을 올려 놓고 자기도 하고 보일러를 높이 올리고 자기도 했다.

이런 일들이 자주 있으며 옆에서 돌볼 수 없음이 나에겐 아픔이었다.

결국 아버지는 병원에서 치매 진단을 받았다.

아버지의 치매 진단은 다행이면서 슬픈 일이었다.

일이 수도권 전역을 돌며 하는 일이라 옆에서 돌볼 수 없었다.

형제들 누구라도 나서서 돌볼 형편도 아니었고 그러지도 않을 것이었다.

나는 요양원 시설에 들어갈 수 있는 조건을 알아봐야 했다.

조건은 의외로 까다로웠다.

구청에 신청했지만 그 요건이 미달돼 자격을 얻지 못했고 그런 상태로 시간은 흘러갔다.

   그사이 아버지 상황은 더 나빠져 갔고 몇 개월 뒤 다시 구청 담당 직원에게 연락해 방문 조사를 다시 받으며 조건에 합격을 하게 됐다.

   그때 나는 그 일을 하나님께서 해 주셨다고 믿고 있었다.
   처음 방문했을 때 공무원이 얼마나 꼼꼼하고 까칠한지 100%로 가까운 자격 요건을 말하며 도저히 어려운 상황으로 보였다.
   하지만 두 번째 왔을 때는 들어오면서부터 공무원 분위기가 완전하게 달라져 나를 기대하게 했었다.
   아버지는 요양원 들어갈 자격을 획득하고 나서 나와 가족 형제들하고의 2년 반을 뒤로하고 요양원에 들어갔다.
   며칠 뒤 요양원에 아버지를 두고 나오는 그 발길이 얼마나 무겁던지 너무나 많은 생각들로 가득했다.
   아버지의 그 모습도 쓸쓸함으로 가득하며 이런 상황을 받아들이고 있었다.
   어찌할 수 없는 그 무저항의 고독함이 그대로 나에게 느껴져 왔다.

*

   아버지는 자신의 생각과 방식대로 일생을 살았다.
   자신이 좋은 것을 따라가며 그곳에다 마음을 다 주며 평생을 살았다.
   이제 병약해지고 힘없고 돈 떨어져 오갈 곳 없어지니 아들에게 돌아왔다.

아버지는 아들인 내 앞에서 당당하게 많은 걸 요구하여 잘 드시고 잘 지내다 요양원으로 들어가게 되어 그래도 다행이란 생각이 들었다.

아버지는 나와 늦둥이 아들과 셋이 있을 때를 무척 좋아하셨다.

"어디 가서 기죽지 말어. 우리 집안은 뼈대 있는 집안이니까 기죽지 말고 당당하게 어깨 펴고 살아야 한다."

늘 이렇게 말하며 손자의 머리를 쓰다듬어 주기를 좋아했다.

손주에게 줄 용돈을 달라며 나에게 요구도 하였다.

나는 매주 또는 격주로 강동구에서 송추계곡 요양원에 면회를 다녔다.

되도록 아버지가 좋아하는 손주를 보여 주기 위해 아들 녀석과 자주 동행하여 갔다.

손주를 보면 나란 존재는 거의 느낄 수 없도록 손주만 옆에 앉히고 좋아하는 아버지였다.

나는 그 모습을 사진 몇 장에 남기고 또 내 가슴속 기억 속에 깊숙이 저장하여 담아 두었다.

면회 가는 동안 하루하루가 다르게 쇠약해지는 아버지 모습에 가슴이 아픈 적이 많았다.

유독 늦둥이 손자를 이뻐했기에 나는 점점 쇠약해지는 아버지 앞에 손주인 아들 녀석하고 아버지 면회를 자주 다녔다.

3대가 마주할 때면 아버지는 오직 손주뿐이었다.

그래도 그 모습이 싫지 않은 것은 천륜으로 엮어져 있기에 나는 보는 것만으로도 행복해서였다.

아버지는 2년 반의 신앙생활을 마치고 요양원에서 8개월 만에 그 외롭고 힘들었을 생의 여정을 마감하고 하나님의 구원의 계획에 참여하며 본향으로 돌아가셨다.

그 짧은 3년여의 시간 동안 아버지에게 잘해 준 것은 하나도 생각나지 않았다.

가끔 먼 곳에서 일할 때 필요를 말하는 아버지에게 조금 귀찮은 듯 대했던 나의 태도가 한동안 떠올라 나를 슬프게 하고 괴롭게 했다.

옷에 대소변 실수를 했을 때 아무렇지 않게 다가가 씻어 드리지 못하고 머뭇거리던 내 모습이 생각나서 너무 슬펐다.

요양원 들어가기 전에 삼겹살 한번 먹자시던 그 삼겹살을 못 먹은 것이 가슴을 저리도록 아프게 하고 있었다.

어릴 때 개울물을 건널 때 목마를 태워 건너 주던 최고의 아버지가 떠오르면 혼자 눈물지게 했다.

더 잘해 드릴걸. 좀 더 맛있는 것 해 드릴걸. 이런 후회들로 온통이었다.

교회 장으로 성도의 이름으로 아버지 장례는 치러졌다.

그 장례 과정에서 4남매는 모든 것을 함께하며 힘을 합했다.

나에게 오기 전 아버지는 나를 무섭게 때리던 아버지였다.

늘 집을 떠나 있던 아버지였고. 어머니 말고 다른 여자와 살던 아버지였다.

돈 떨어지면 찾아와 돈 뺏어 가던 아버지였고. 내 가슴속에 무서움으로 남아 있었다.

　하나님 아버지는 아버지 정을 모르는 나에게 오셔서 믿음을 선물로 주시며 만나 주셨다.

　그리고 나의 아버지가 돼 주셨다.

　나에게 아버지 조건을 다 갖추도록 늦둥이 아들을 주시며 믿음에 굳건하게 서서 늦둥이 아버지로 이겨 내도록 하나님 아버지는 나와 함께 해 주셨다.

　삼부자와 온 가족이 한 교회에서 찬양을 불러 높이며 경배하며 예배를 드리는 은혜를 허락해 주신 천지의 주재이신 나의 구주 나의 하나님 나의 아버지로 와 주셨다.

22.
허락하심에 감사

이 집필을 하게 해 달라고 10여 년 전부터 하나님께 구했었다.
어려서부터 꾼 꿈이 내 이름으로 책 한 권 세상에 내놓는 것이었다.
그래서 그 꿈을 실현하게 해 달라고 오랫동안 기도했다.
하지만 하나님께서는 전혀 대답이 없으셨다.

사 55:8-9
8. 이는 내 생각이 너희의 생각과 다르며 내 길은 너희의 길과 다름이니라 여호와의 말씀이니라
9. 이는 하늘이 땅보다 높음 같이 내 길은 너희의 길보다 높으며 내 생각은 너희의 생각보다 높음이니라

그러다 작년에 제목을 주시며 집필을 준비하게 허락해 주셨다.
그리고 작년 말 이 집필을 구상을 하며 시작하게 해 주셨고 그렇게 나의 때를 허락해 주신 것이다.
그 전까지만 해도 이런 집필을 할 생각과 시간을 만들기는 쉽지 않

은 상황이었고 작년 말부터 절묘한 타이밍이 이루어지며 올해 1월 초안이 잡혔고 2월부터 시작하게 하셨다.

6월이 지나가며 어느덧 책의 마무리 단계에 오게 됐으니 참 빠른 시간 안에 나의 기억에서 다 꺼내져 책 속으로 들어가 담겨졌다.

나는 이 책 한 권으로 한 사람 영혼이 구원되는 데 역할을 할 수 있다면, 또 조금이라도 도움이 된다면 하나님의 허락하심에 의미가 살아날 수 있으니 나는 대만족하게 되는 것이다.

하나님의 계획 속에 나에게 보내 주신 간증자 세탁소 권사님과, 6개월을 매주 찾아와 전도해 준 전도자 동생과, 지금 교회의 전도자와, 또 나를 여기까지 올 수 있도록 역할을 해 준 모든 분들과, 나를 이끌어 주신 모든 분들은 나에게는 너무 귀하고 소중하여 여기서 허리 굽혀 큰 감사를 드린다.

*

나는 처음 은혜를 받을 때부터 십계명 중 제2 계명에 큰 은혜를 받았다.

그리고 여기까지 살아오는 데 큰 역할을 해 준 말씀 구절이기도 하다.

제이는.
너를 위하여 새긴 우상을 만들지 말고~
나는 네 하나님 여호와는 질투하는 하나님인즉 나를 미워하는

> 자의 죄를 갚되 아버지로부터 삼사 대까지 이르게 하거니와 나를 사랑하고 내 계명을 지키는 자에게는 천 대까지 은혜를 베푸느니라.

나는 이 대목에서 하나님의 은혜에 너무나 큰 감동을 받았다.
우상을 만들어 하나님을 미워하면 3-4대까지 죄를 이르게 하고 하나님을 사랑하며 그 계명을 지키는 자에게는 천 대까지 은혜를 베푸신다니 세상에 이런 은혜를 듣고 본 적이 없었다.

'하나님을 사랑하고 그 계명을 지키는 자' 바로 나로부터 시작되는 하나님 사랑과 이웃 사랑으로 하나님 계명을 지키며 충성되면 천 대에 이르도록 하나님의 은혜 안에 살면서 보호를 받는 것이었다.
나는 이 계명 앞에 추호의 망설임 없이 말씀을 즐거워하며 말씀 앞에 순종하겠다고 결심했다.

그리고 나 나름대로 후회 없이 노력했다고 자부할 수 있다.
나의 노력의 결과에 하나님께서는 어머니, 나, 아내, 딸 둘, 아들, 사위, 손녀. 이렇게 4대가 우리 동선교회에 다니며 주의 말씀 은혜를 받아먹으며 잘 살고 있다.
이제 하나님 앞에서 그 뿌리를 잘 내렸고 결실이 일어나며 우리 가문은 명문 가문이 되어 가는 중이다.

나름 열심히 살았다.

다시 돌아가 처음부터 시작하라면 나는 단호하게 손을 저으며 거절한다.

나는 지금이 너무 좋고 더할 나위 없이 행복하기 때문이다.

"기도보다 앞서지 않기"
이 귀한 글을 가슴에 새기며 두고두고 꺼내어 보고 있다.

잠 25:13
충성된 사자는 그를 보낸 이에게 마치 추수하는 날에 얼음 냉수 같아서 능히 그 주인의 마음을 시원하게 하느니라.

하나님이 허락하신 이 땅의 시간 동안 열심히 하며 살아갈 것이다.

위의 말씀처럼 나를 본향으로 부르시는 그날까지 나를 이곳에 보내셔서 충성되어라 명령하신 말씀 앞에 나는 종이며 자녀이니 나의 삶을 추수하는 일에 복음의 일에 내어 드릴 것이다.

또 나의 아버지께서 세우신 교회와 기름부은 자의 마음을 시원하게 하는 얼음 냉수가 될 것이다.

그렇게 노력하다가 부르시면 나는 춤추며 감사하며 본향으로 갈 것이다.

작년부터 내 이름으로 된 사업을 하게 해 주시라고 얼마 전까지 기도했는데 그 기도를 바로 얼마 전 허락해 주셨다.

그리고 이 집필이 끝나는 지금 시점에서 '테바컴퍼니' 방수 사업자를 내고 새롭게 내 이름으로 사업은 시작되려고 하고 있다.

  기도를 들어주신 여호와 하나님 감사합니다.

"또 한 가지 일은 이 집필과 깊은 연관이 있는데 그 이야기는 허락하셔서 진행되면 그때는 간증으로 말할 것을 약속한다."

마무리하며

나는 이 집필을 마치며 이번 주는 기도굴을 월, 목 두 번 다녀왔습니다.
그리고 이렇게 마무리하려고 합니다.

축구를 통해 구원의 길을 열어 주신 하나님의 은혜는 오랜 시간이 지난 몇 년 전 김포 사는 김민채 친구마저 교회를 나가게 해 주셨습니다.

딤후 4:2
너는 말씀을 전파하라 때를 얻든지 못 얻든지 항상 힘쓰라 범사에 오래 참음과 가르침으로 경책하며 경계하며 권하라.

청년 그때에 6개월을 끈질기게 복음을 전해 준 전도자 동생의 복음 씨앗이 오래도록 잘 자라 와서 시간이 지났지만 절대 무효되지 않았으며 여전히 살아서 생명을 살리는 말씀이 되어 그때 그 교회에서 함께 축구했던 나의 소중한 친구 김민채를 구원하여 주셨습니다.
나에게 교회 다니는 것을 자랑하려 동부인해서 함께한 친구 부부를 보며 주신 은혜가 얼마나 고맙고 감사하던지, 그때의 그 감동과 감사는 평생 기억하며 가슴 깊숙이 새겨 두었습니다.
나를 전도해 준 전도자 동선교회 강용진 시무장로님 머리 숙여 감사드립니다.

책을 마무리하며 꼭 하고 싶은 말이 있습니다.

인생 황혼기까지 왔지만 아직까지 불편하고 어려운 일들을 마주칠 때마다 먼저 뒤로 물러서고 싶은 나약함과 비굴함이 아직도 내 안에 작게 나타나고 있습니다.

나의 이 아픈 상처들을 느끼며 내 자손들과 우리 동선교회 다음 세대 아이들은 사랑으로 잘 양육되어서 늘 밝은 모습으로 하나님 앞과 세상 앞에 당당하게 서서 가기를 바라며 기도합니다.

이제 새롭게 시작된 동선교회 2대 담임목사님의 시대가 시작되었습니다.

가정 회복을 중심적으로 사역을 펼치시려는 목회 비전을 들으며 공감이 되었습니다.

교회를 잘 이끌어 가시도록 저는 늘 한결같은 모습으로 하나님을 사랑하며 교회를 사랑하며 부족한 자 저의 작은 힘으로 부흥에, 목회에 도움이 되고 싶습니다.

집에 심방 오신 담임목사님께서 신앙이 어려울 때 상담할 사람이 있냐고 물었습니다.

저는 사람은 없고 하나님이 계신다고 답해 드렸습니다.

어려서의 습관과 내면 속의 응어리들은 누구에게 말하기에 어려움이 있던 상처였기에 하나님께 고하는 것이 나는 편하고 좋았기 때문이었습니다.

하나님은 저의 더러운 것, 배설물같이 악취가 나는 모든 것과 소리들을 다 들어 주셨습니다.
　저는 앞으로도 좋은 일도 마음이 답답해지는 일도 나의 아버지께 다 털어놓으려 바로 기도굴로 올라갈 것입니다.

　사랑하는 여러분, 이 모든 내용들은 저의 개인적인 생각으로 쓰여진 것입니다.
　부족하고 서투른 내용이 보이시더라도 용서하며 지나가 주시기를 부탁드립니다. 그리고 감사합니다.

　하나님 아버지께서 내가 잘할 때나 못할 때나 언제나 옆에 계셔 주셨습니다.
　앞으로도 오랫동안 살아가면서 잘못할 때가 더 많을 수도 있겠지만 그때도 지금처럼 저를 지지해 주시며 옆에 계셔 주실 것이니 그저 감사할 뿐입니다.

　이렇게 부족한 인생의 책을 완성하게 허락해 주신 아버지 하나님 감사합니다.
　천지의 주재이신 하나님께서 나의 아버지셔서 저는 행복한 자입니다.
　여러분 사랑합니다.
　아버지 사랑합니다.

아버지! 아버지! 아버지!

ⓒ 이홍수, 2025

초판 1쇄 발행 2025년 9월 8일

지은이	이홍수
펴낸이	이기봉
편집	좋은땅 편집팀
펴낸곳	도서출판 좋은땅
주소	서울특별시 마포구 양화로12길 26 지월드빌딩 (서교동 395-7)
전화	02)374-8616~7
팩스	02)374-8614
이메일	gworldbook@naver.com
홈페이지	www.g-world.co.kr

ISBN 979-11-388-4696-7 (03810)

- 가격은 뒤표지에 있습니다.
- 이 책은 저작권법에 의하여 보호를 받는 저작물이므로 무단 전재와 복제를 금합니다.
- 파본은 구입하신 서점에서 교환해 드립니다.